No.1ストラテジストが教える

相場を大きく動かす「株価指数」の読み方・儲け方

みずほ証券エクイティ調査部
チーフ株式ストラテジスト
菊地　正俊
MASATOSHI KIKUCHI

HOW SIGNIFICANT ARE
STOCK INDICES FOR INVESTORS?

日本実業出版社

はじめに

日本を代表する株価指数といえば、何といっても日経平均です。証券業界に30年以上いる私も機関投資家と話をするときは、ＴＯＰＩＸより日経平均が多くなっています。

国内年金が運用の目標としてベンチマークにするのはＴＯＰＩＸ、外国人投資家はＭＳＣＩなどですが、それでも議論の対象となるのは日経平均の場合がほとんどです。外国人投資家がドルベースの日経平均に言及することはありませんが、円ベースの日経平均を「ニッケイ」と発音して普通に議論します。空売りをしないロングオンリーの機関投資家からは、日経平均がファーストリテイリングなど一部の値がさ株の影響を受けやすいことを問題視する声が根強い一方、一部の大手ヘッジファンドからは日経平均のほうが売買しやすい、操作しやすいとの指摘もあります。

また、日経平均を計算する日本経済新聞社のみならず、その他新聞やテレビでも、その日の株式市場動向を伝える際には日経平均が真っ先に報じられます。安倍政権は株価重視の政権といわれますが、閣僚を含む政治家が安倍政権の成果として、日経平均の上昇を語るのを聞く機会が多い一方、ＴＯＰＩＸを語る政治家は見たことがありません。日本経済および日本の株式市場は、日経平均とともにあるといっても過言でありません。

本書は投資家にとって最も身近な日経平均を中心に、投資の際に知っておくと役立つ株価指数に関するトピックを集めて構成しています。日経平均の計算の仕方や日経平均の銘柄入れ替えの方法と株価への影響、毎年年初に恒例のコンセンサス予想のしくみや個人投資家が知っておくべき季節性などのアノマリー、日本経済のファンダメンタルズと株価指数の関係、なぜ米国Ｓ＆Ｐ５００が世界最強の株価指数といわれるのかなどです。

◉日経平均の史上最高値更新は２０２５年頃か？

日経平均は２０１８年10月に急落し、一部に悲観論が出てきましたが、長期的姿勢が重要です。誰もが気になるのは、いつ日経平均が史上最高値を更新するかでしょう。

日経平均はかつて東証修正平均株価と呼ばれ、東京証券取引所によって１９５０年９月から算出が始まりましたが、その際に１９４９年5月まで遡って計算され、採用銘柄の単純平均株価は１７６円21銭でした。このときのニューヨークダウは１７６ドルと、偶然にも同水準でした。日経平均は過去69年間に年率７％強で上昇してきたことを意味します。

日経平均は史上最高値だった１９８９年12月末の３万８９１６円よりまだ４割低い水準に

あり、日経平均は大恐慌時のニューヨークダウを抜いて、史上最長の弱気相場の最中にあるといえます。日経平均は１９８９年末にニューヨークダウの約14倍に達しましたが、現在は抜かれています。

一方で、東証１部の純利益は２０１７年度までの20年間に年率９％程度で伸びてきました。人口減少下の日本経済の経済成長率が１％程度でも、大企業はグローバル化等によって同程度の増益率の維持が可能でしょう。１９９０年の資産バブル崩壊以降の日経平均の長期下落の主因はバリュエーション調整でしたが、ＰＥＲは国際的な水準に低下したので、今後は増益率並みの上昇が期待できます。日経平均が増益率並みの年率９％程度で上昇すれば、２０２５年頃に史上最高値を更新するでしょう。

◉毎年注目を集める日経平均の銘柄入れ替え

東京証券取引所によって算出が始まった日経平均（当時は東証修正平均株価）は、１９７０年６月に日本経済新聞社によって引き継がれた当初は日経ダウ平均と呼ばれていましたが、１９８５年に現在の名称に変わりました。日本経済新聞社は１９９３年６月に日経平均を商標登録しました。日本経済新聞社によっても、日経平均がなぜ２２５銘柄なのかわからないようです。

日経平均は225銘柄を維持しながら、年1回の定期銘柄入れ替えと合併や倒産などの場合の臨時銘柄入れ替えが行なわれています。近年の定期銘柄入れ替えは年1～3銘柄が多くなっていますが、2000年4月には30銘柄が一気に入れ替えられて、様々な論争を引き起こしました。2018年9月の銘柄入れ替えでは任天堂の採用が期待されていながら、採用されませんでした。現在も日経平均には日本を代表するテクノロジー株であるキーエンスや村田製作所などが入っていない一方、東洋紡や日本水産などの旧来企業が日経平均の算出開始時から採用されています。日経平均は日本経済の変化を反映して動きますが、日本の産業構造の変化を十分反映しているとは言い難いです。

日経平均は30銘柄で構成されるニューヨークダウと比較されることが多いですが、米国を代表する優良株30で構成されるニューヨークダウと日経平均は、性格が異なる株価指数だといっていいでしょう。

本書は、前書『日本株を動かす外国人投資家の儲け方と発想法』の編集担当者からの提案によって執筆したものですが、私にとっても日経平均や株価指数について再び勉強する良い機会となりました。本書のデータ作成や資料収集の面で協力してくれたみずほ証券エクイティ調査部の三浦豊氏、永吉勇人氏、中村喬氏、小林亮氏、黒崎美和氏、白畑亜希子氏、山田佳苗氏に感謝します。

本書が多くの投資家の役に立つのであれば、これに勝る喜びはありません。

二〇一八年一一月

菊地正俊

※本書は2018年10月末時点のデータに基づく記述であり、日経平均は2万1920円でした。判断は経済および市場環境次第で変わることにご留意ください。為替は1ドル＝110円で換算しています。本書の内容は筆者個人の見解であり、筆者の所属する組織のそれではないこと、および特定の株式、金融商品、あるいは投資戦略を勧めるものでないことをお断りします。

第1章

日経平均、ニューヨークダウなど株価指数のしくみはこうなっている

第2章

新年恒例の「日経平均の予想」はどうつくられ、どのぐらい当たるのか？

第3章

投資・トレード対象としての株価指数とその影響

第４章

株価指数と個別株の関係はどうなっているのか？

第5章

株価指数は経済の実態をどのように反映しているのか？

装丁・ＤＴＰ／村上顕一

第 1 章

日経平均、ニューヨークダウなど株価指数のしくみはこうなっている

HOW SIGNIFICANT ARE
STOCK INDICES FOR INVESTORS?

ニューヨークダウと日経平均を比べることに意味はあるか？

◉ニューヨークダウの歴史

よく、「ニューヨークダウは上がっているのに日経平均は出遅れている」といわれたりします。果たしてそのような比較に意味はあるのでしょうか。そのことを考えるために、まずは日経平均が算出の際に参考にしたニューヨークダウの歴史を振り返ってみます。

チャールズ・ダウとエドワード・ジョーンズは1882年にダウ・ジョーンズを設立し、1883年からウォール・ストリート・ジャーナルの前身であるカスタマーズ・アフタヌーン・レターの発行を始めました。上場株式投資への関心を高めるために、ダウ・ジョーンズは株式市場のパフォーマンスを示す尺度としてニューヨークダウの計算を始めました。

ニューヨークダウは1884年7月3日に誕生したので、日経平均の前身である東証修正平均株価より66年長い歴史を持ちます。

ニューヨークダウが誕生した当初は11銘柄の株価の単純平均でした。19世紀の米国は鉄道の世紀であったため、11社のうち9社は鉄道会社でした。1886年1月にニューヨークダウは12銘柄になりました。現在ニューヨークダウはダウ・ジョーンズ・インダストリアルアベレッジ（DJIA）と呼ばれるように工業株の平均になっており、ダウ運輸株は別の株価指数になっていますが、ニューヨークダウ誕生当時はダウ・ジョーンズ鉄道株平均と呼ばれていました。米国の経済成長に合わせて、鉄道より工業の重要性が高まったため、1896年からダウ・ジョーンズはダウ・ジョーンズ工業株価平均の発表を始めました。1896年10月7日からニューヨークダウは毎日、ウォール・ストリート・ジャーナルに発表されるようになりました。

1916年10月4日にニューヨークダウは20銘柄に変更されました。第一次世界大戦で一時閉鎖されたニューヨーク証券取引所が再開された1914年12月12日から遡及して計算されました。

1928年10月1日にニューヨークダウは30銘柄（14銘柄は20銘柄からの継続で、16銘柄が新たに選ばれました）に拡張されました。このときの構成銘柄にUSスティールが入っていましたが、

図表1-1 ◉ ニューヨークダウの構成銘柄の変遷

入れ替え実施日	追加銘柄名	除外銘柄名
2018/06/26	Walgreens Boots Alliance	General Electric
2015/03/19	Apple	AT&T
2013/09/23	The Goldman Sachs Group	Alcoa
	Nike	Bank of America
	Visa	Hewlett-Packard
2012/09/24	UnitedHealth Group	Kraft Foods
2009/06/08	Cisco Systems	Citigroup
	The Travelers Companies	General Motors
2008/09/22	Kraft Foods	American International Group
2008/02/19	Bank of America	Altria Group
	Chevron	Honeywell International
2004/04/08	American International Group	AT&T
	Pfizer	Eastman Kodak
	Verizon Communications	International Paper
1999/11/01	The Home Depot	Chevron
	Intel Corporation	Sears Roebuck
	Microsoft Corporation	Union Carbide
	SBC Communications	Goodyear Tire and Rubber
1991/05/06	Caterpillar	American Can
	J.P. Morgan	Navistar International
	The Walt Disney	USX
1987/03/12	The Boeing	Inco
	The Coca-Cola	Owens-Illinois
1985/10/30	McDonald's	American Tobacco
	Philip Morris	General Foods
1982/08/30	American Express	Johns-Manville
1979/06/29	International Business Machines	Chrysler
	Merck & Co	Esmark
1976/08/09	Minnesota Mining & Manufacturing	Anaconda
1959/06/01	Aluminum Company of America	American Smelting & Refining
	Anaconda Copper Mining	Corn Products Refining
	Owens-Illinois	National Distillers Products
	Swift & Company	National Steel
1956/07/03	International Paper	Loew's Theatres
1939/03/04	American Telephone and Telegraph	International Business Machines
	United Aircraft	Nash Motors
1935/11/20	E.I. du Pont de Nemours	Borden
	National Steel	The Coca-Cola
1934/08/13	National Distillers Products	United Aircraft and Transport
1933/08/15	Corn Products Refining	Drug
	United Aircraft and Transport	International Shoe
1932/05/26	American Tobacco	Hudson Motor Car
	The Coca-Cola Company	Liggett & Myers Tobacco
	Drug	Mack Trucks
	International Business Machines	National Cash Register
	International Shoe	Paramount Publix
	Loew's Theatres	Radio Corporation of America
	Nash Motors	Texas Gulf Sulphur
	The Procter & Gamble	United Aircraft and Transport
1930/07/18	Borden	The American Sugar Refining
	Eastman Kodak	American Tobacco
	Goodyear Tire and Rubber	Atlantic Refining
	Hudson Motor Car	Curtiss-Wright
	Liggett & Myers Tobacco	General Railway Signal
	Standard Oil Co. of California	B.F. Goodrich
	United Aircraft and Transport	Nash Motors
1930/01/29	Johns-Manville	North American

注　：1930年~2018年9月21日時点、組み入れ当時の会社名を表示
出所：S&P Dow Jones Indices、各種報道よりみずほ証券エクイティ調査部作成

1991年にウォルトディズニーに入れ替えられました。GEは12銘柄での算出開始時点からニューヨークダウに採用された銘柄で、一度除外されましたが、1907年に再び採用されてからは110年以上構成銘柄の座を守ってきました。しかし、経営不振から2018年6月にニューヨークダウから除外されて、代わりにドラッグストアのウォルグリーンが採用されました。

米国では大企業でも買収、解体、スピンオフ（企業の分離）などが行なわれ、新陳代謝が強いため、ニューヨークダウもそうした動きを色濃く反映しています。

なお、2010年にダウ平均株価に関する所有権がダウ・ジョーンズ社からCMEグループに譲渡されて、2012年にS&Pダウ・ジョーンズ・インデックスの算出となりました。現在、ダウ平均株価には、ダウ工業株30種平均、ダウ輸送株20種平均、ダウ公共株15種平均の3種類と、これらをあわせたダウ総合65種平均があります。

◉ニューヨークダウの銘柄選定基準

ニューヨークダウは30銘柄だけで構成されているものの、構成銘柄は米国の広範な株式市場を代表するように選択されています。

構成銘柄は株価平均委員会によって選択されます。厳格な定量的なルールには基づいていませんが、構成銘柄は通常、以下の特性を有しています。

①時価総額が大型から超大型までの銘柄
②企業としての極めて高い名声
③数多くの投資家による関心
④持続的な成長
⑤米国で設立され、米国に本社がある
⑥売上の大半を米国内の営業活動から生み出している
⑦ニューヨーク証券取引所やナスダックに上場している（1999年11月以前はニューヨーク証券取引所上場銘柄のみが対象でしたが、それ以降ナスダック上場企業も採用されるようになりました）
⑧各セクターを代表する企業である

ニューヨークダウの構成銘柄の平均採用年数は約30年で、採用されている30銘柄は米国の上場株式市場の全体像を反映するように選ばれています。ニューヨークダウの主な目的は市場を測定することであり、その構成銘柄は、「投資メリットがある」との考えに基づいて選択されているわけではありません。

ニューヨークダウは株価水準のばらつきが日経平均ほど大きくないので、一部の銘柄の価格変動が株価指数に与える影響は日経平均ほど大きくない一方、銘柄数が30に過ぎないので、一部の銘柄の価格変動の影響は出ます。たとえば、2018年8月16日に米中貿易摩擦への楽観的な見方から、ニューヨークダウは前日比396ドル高となりましたが、うち160ドルは好決算を発表したウォルマートと中国比重が高いボーイングだけで押し上げました。

◉ニューヨークダウには超大型株が多い

ニューヨークダウの30の構成銘柄はテクノロジー、ヘルスケア、サービス、金融、小売株などで構成されており、オールドエコノミー的な株は入っていません。トランプ大統領は自動車や鉄鋼業界を再生したことを喧伝し、株価が最高値を更新していることを誇っていますが、実はいまは両業種は1社もニューヨークダウに採用されていないのです。

時価総額は米国企業として初の1兆ドル（約110兆円）を超えたアップルが構成銘柄中最大ですが、最低でもトラベラーズの330億ドル（約3・6兆円）と、大型株だけが組み込まれています。２０１８年10月31日時点でニューヨークダウ構成銘柄のうち25社は時価総額が10兆円を超えています。

一方、同日時点で日経平均の構成銘柄で時価総額が10兆円超は、トヨタ自動車とNTTドコモの2社しかありませんでした。９月末時点ではＮＴＴとソフトバンクグループの時価総額も10兆円超でしたが、通信料金の引き下げ懸念で株価が急落しました。ニューヨークダウも株価平均なので、株価がモノをいいますが、最も高いボーイングと最低のファイザーの株価の違いは約８・3倍に留まります。ニューヨークダウの比重が高いトップ3はボーイングの９・６％、ユナイテッドヘルス・グループの７・０％、ゴールドマン・サックスの６・２％の順です。

一方、日経平均の構成銘柄は株価が最も高いファーストリテイリングと最も低いパイオニアで、株価格差が約６００倍もあります。株価水準の偏りの大きさが、日経平均で一部の銘柄の影響が出やすくなる理由です（31ページ参照）。

ちなみに、ニューヨークダウと同じ30の大型株で構成される日本の株価指数には、東京証券取引所が発表するＴＯＰＩＸコア30がありますが、ＴＯＰＩＸコア30に入っていながら、日経平均に採用されていない銘柄にはキーエンス、村田製作所、任天堂、三井物産の4銘柄があります。「その時々の優良株を採用する」というニューヨークダウの考え方が日経平均にも用いられれば、キーエンスや任天堂は、日経平均に採用されていたかもしれません。

◉日経平均とニューヨークダウはうさぎと亀の争い

日経平均は円ベースである一方、ニューヨークダウはドルベースであるうえ、細かい計算方法も異なるので、両株価指数を単純に比較するのは意味がありません。また、ニューヨークダウが「その時々の優良株を採用する」というスタンスであるのに対して、日経平均にはオールドエコノミーに属する企業も多数含まれているといった違いがありますから、PERやPBRなど双方のバリュエーションを単純に比較することも意味がありません。

しかし、1949年5月の日経平均の前身である東証修正平均株価の算出開始時にニューヨークダウと同水準だったため、長期的な視点から両株価指数の水準の推移を比べることは一定の意義があるでしょう。

日経平均が1000円に初めて到達したのは1960年2月で、1958年7月〜1961年12月の高度経済成長の岩戸景気が、日経平均上昇の背景にありました。ホンダやソニーなど上場間もない国際優良株が株式市場の柱になりました。一方、ニューヨークダウが１０００ドルに達したのは、日経平均から12年も遅れる１９７２年11月でした。１９８０年代前半には第２次オイルショックからの世界景気の回復、金融緩和、外国人の日本株買いなどを背景に、日経平均は１９８４年１月に１万円台に乗せました。その後、１９８０年代後半に資産バブル相場に入ったので、日経平均は１９８７年１月に２万円台、１９８８年12月に３万円台と次々に大台が変わりました。日本の資産バブルのピークだった１９８９年末に日経平均はニューヨークダウの14倍超に達しました。一方、ニューヨークダウが１万ドル台をつけるのは１９９９年３月とＩＴバブル期まで待つ必要がありました。

図表1-2◉「日経平均－ニューヨークダウ」の推移

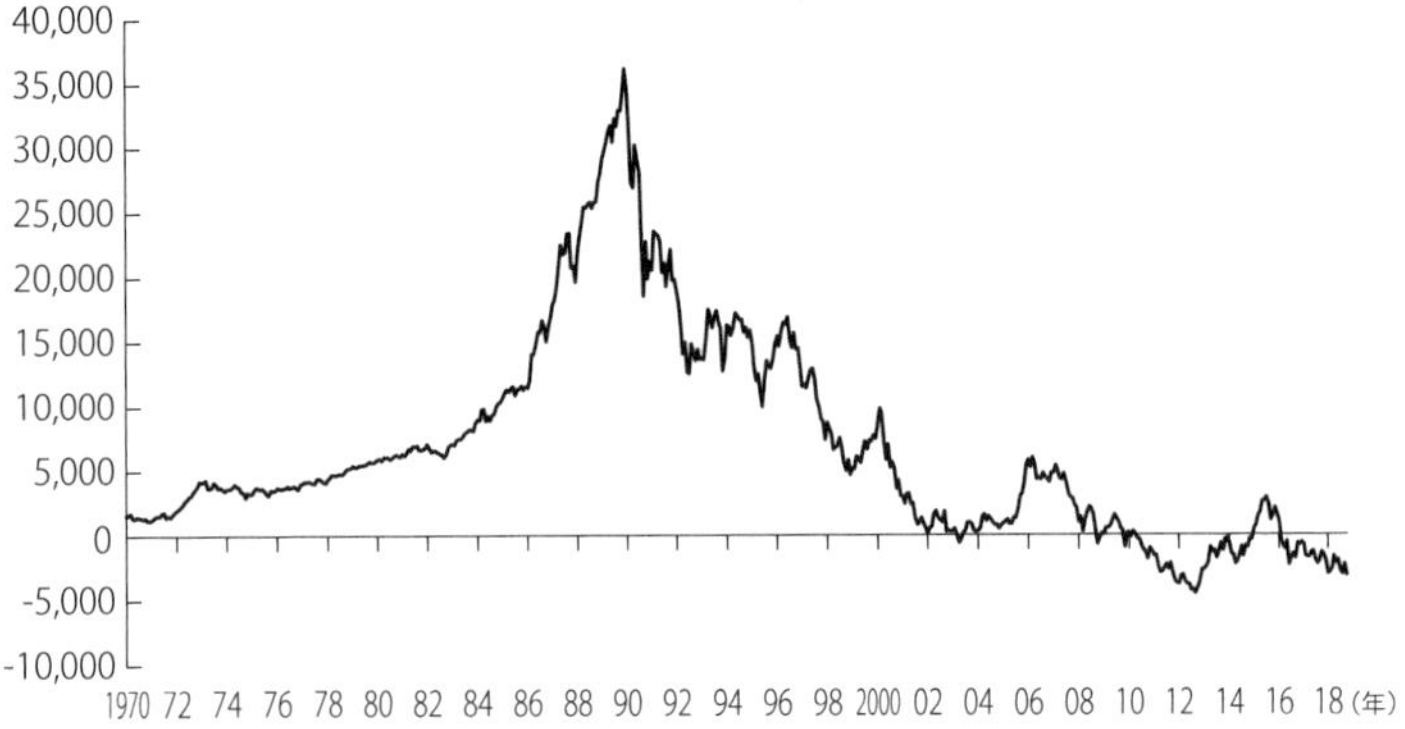

注　：2018年10月31日時点
出所：ブルームバーグよりみずほ証券エクイティ調査部作成

その後、日本は資産バブル崩壊の後遺症が長期化し、日経平均の逆回転が始まり、大台を切り下げる展開になりました。日経平均はリーマンショック後の2008年10月にニューヨークダウと水準が逆転し、2012年9月には約4500ポイントも下回りました。日経平均が2万円台を回復するのに手間取るなか、ニューヨークダウは2017年2月に2万ドル台に乗せました。アベノミクスの株高で2015年1月に日経平均はニューヨークダウを再び抜き返しましたが、その後は日経平均とニューヨークダウの格差は一進一退の動きが続いています。

日経平均とニューヨークダウをうさぎと亀にたとえると、1989年までは日経平均がうさぎだったものの、1990年代以降うさぎは長期間にわたって冬眠期間に入ってしまったため、後から着実に歩んできた亀であるニューヨークダウに抜かれてしまったといえます。

◉COLUMN

外国人投資家はドル建ての日経平均を気にしていない

２０１８年１月６日の日経新聞は「ドル建て日経平均　22年ぶり高値　海外勢の買い集まる」との記事で、「海外投資家が重視する外貨ベースの日経平均株価が水準を切り上げている。５日の東京株式市場ではドル建て日経平均が前日比０・５％高の２０９・８４ドルと１９９６年４月以来、約22年ぶりの水準を回復。ユーロ建て日経平均も２０００年９月以来の水準を付けた」と報じました。

私は約30年にわたって、外国人投資家に日本株を勧めていますが、ドル建て日経平均について尋ねられたことはほとんどありません。日本株を運用する多くの外国人投資家にとってベンチマークはＭＳＣＩ指数（48ページ参照）であって、日経平均でないうえ、日本株を運用する外国人ファンドマネージャーにとっての職務は与えられたベンチマークを上回るパフォーマンスをあげることであって、為替をヘッジするかどうかなどの決定は、株式運用とは分離して、為替専門のマネージャーやアセットアロケーターが行なうことが多いためです。

ただ、円ベースの日経平均より、ドルまたはユーロ建ての日経平均が高いほうが外国人投資家に望ましいという考え方は正しいといえます。日経平均は値がさ輸出株の比重が高いので、円安時に上がりやすいのですが、本来であれば、円高でも日経平均が上昇して、株価と為替変化率の両方でプラスのリターンが得られたほうが外国人投資家は喜びます。

日経平均は１９８９年末のピークよりまだ約４割低い水準ですが、バブル崩壊以降、円高ドル安が進展したため、ドル建て日経平均でみると２割安に留まります。

日本経済新聞社は、外国人投資家が為替リスクを回避しつつ、日経平均に投資する際のベンチマークとなる日経平均為替ヘッジ・インデックスを発表しています。日経平均を円ドルレートで割ったドル建て日経平均と日経平均ドルヘッジ・インデックスはほぼ同じ動きをしています。

ドル建ての日経平均と日経平均ドルヘッジ・インデックス

注　：2018年10月31日時点
出所：ブルームバーグよりみずほ証券エクイティ調査部作成

改めて日経平均の計算方法をおさらいしておこう

◉株価指数には2種類ある

世界の株価指数には日経平均、日経ジャスダック平均、ニューヨークダウなどのような価格平均の指数（単位は「円、ドル」など）と、TOPIX、JPX日経400インデックス、S&P500、ナスダック指数などのような時価総額加重平均方式の指数（単位は「ポイント」）があります。世界的に見ると、後者のほうがダントツに多く、価格平均の株価指数は少数派です。

日経平均の計算方法は後述しますが、時価総額加重平均方式は、株価指数＝算出時点の時価総額÷基準値の時価総額×100です。東京証券取引所は日経平均の前身になる東証修正平均株価の公表を1970年6月30日に打ち切る一方、1969年7月1日から、1968年1月4日を100とするTOPIXの算出を始めました。

当初TOPIXは単なる時価総額加重平均方式でしたが、株式持合によって時価総額が嵩上げされている銘柄があるため、2005〜2006年に浮動株を調整した方式に変更されました。浮動株比率は「①有価証券報告書等の公表資料から固定株（固定的所有と見られる株式）を推定、②固定株比率（＝固定株数÷指数用上場株式数）を算定、③「1－固定株比率」の数値から浮動株比率を求める」（固定株は大株主上位10位の保有株、自己株式、役員の保有株などで構成される）という手順で行なわれます。現在の浮動株を調整した方式で計算すると、固定株比率が高いほど、時価総額は割り引かれて扱われることになります。

なお、外国人投資家は日経平均やTOPIXではなく、MSCI指数などをベンチマークにしますが、MSCIも時価総額加重平均です。

◉日経平均の組入銘柄数は海外の主要株価指数より多い

日経平均の組入銘柄数は225銘柄と、ニューヨークダウやドイツのDAX指数30銘柄、フランスのCAC指数の40銘柄、英国のFTSE100指数の100銘柄に比べて明らかに多いといえます。もっと多いのはS&P500ですが、米国には優良企業の数が多いことの反映だといえます（53ページ参照）。日経平均の組入銘柄数がなぜ225銘柄なのかについて、日本経済新聞社は「よくあるご質問（日経平均株価について）」（2018年2月版）で、「60年以上も前から日々算出されているため、当時の詳しい経緯は不明ですが、指標性を保つために、売買高の多い銘柄を全業種からバランスよく選んだところ、この銘柄数になった」としています。

なお、2014年1月から算出が始まったJPX日経インデックス400は、条件を満たせばジャスダックなどの上場銘柄でも組み入れられますが、日経平均は東証1部に上場する銘柄だけが対象です。したがって、東証2部、ジャスダック、マザーズの上場銘柄は時価総額が大きくても対象にならず、またETFやREITなどの普通株式以外も選定対象になりません。たとえば、楽天は2013年11月まではジャスダック上場だったため、日経平均の構成銘柄でありませんでしたが、同年12月に東証1部に指定替えした後、2016年9月に日経平均銘柄に採用されました（楽天の業種は小売や情報通信というイメージもありますが、サービス業で採用されました）。

◉日経平均の計算に必要な「みなし額面」と「除数」

日経平均は基本的に225銘柄の平均株価ですが、「みなし額面」と「除数」で調整されます。したがって、日経平均の計算方法を理解するうえでは、みなし額面と除数の理解が不可欠ですので、順に解説していきます。

まず、日経平均の算出には、旧来の額面制度を引き継いだ「みなし額面」を各構成銘柄に設定し、各銘柄の株価を旧50円額面に換算した株価が用いられます。額面制度が廃止された以降に上場した銘柄については、新規株式公開や株式交換など上場に至る経緯も含めて、総合的に判断して日本経済新聞社がみなし額面を決めます。

たとえば、2010年に上場し、2011年に日経平均に入った第一生命ホールディングスのみなし額面は500円だったのに対して、2015年に上場し、2017年に日経平均に入った日本郵政のみなし額面は50円でした。みなし額面500円の株式は、日経平均が計算される際に、みなし額面50円の株式に比べて、実際の株価より10分の1の効果しか持たないことになります。

次に「除数」とは何でしょうか。銘柄入れ替えや株式分割・併合があると、株価の平均値も変わってしまいます。その際に、日経平均は連続性を維持するために「除数」を用いて調整されます（大幅な株式分割や株式併合等に対しては、その銘柄の「みなし額面」を変更する場合があり、この場合には除数の修正はされません）。

銘柄入れ替えの場合の新除数は、「旧除数×銘柄入れ替え後の基準株価合計÷銘柄入れ替え前の基準株価合計」ということになります。

最近は、値がさ株が採用されて、低位株が除外される傾向があるので、日経平均の除数は上昇傾向にあります。たとえば、日本経済新聞社は2001年10月1日に、日経平均の組入銘柄を井関農機と京浜急行電鉄から、積水ハウスと藤沢薬

図表1-3 ◉ 日経平均の除数の推移

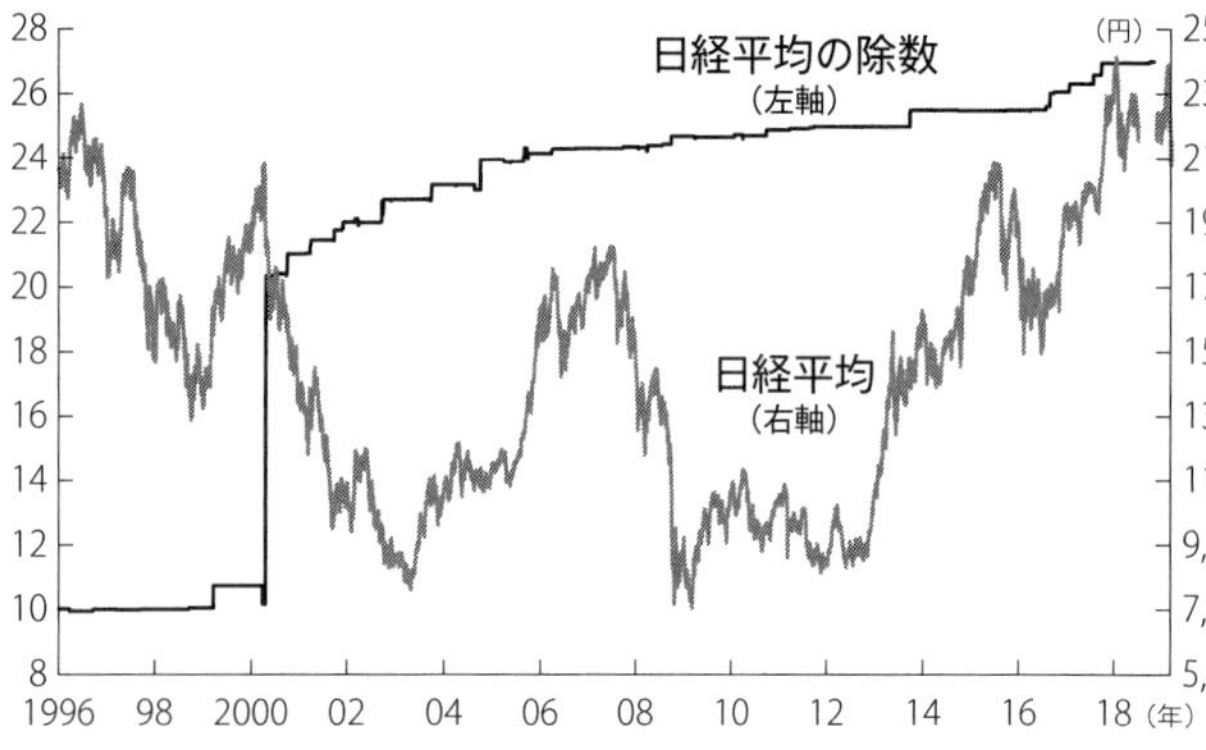

注　：2018年10月31日時点
出所：日経平均プロフィルよりみずほ証券エクイティ調査部作成

品工業（現アステラス製薬）に入れ替えた際に、除数が21・436から21・756へ上昇した理由を「新規採用2銘柄の株価合計が、除外2銘柄の株価合計より高いため」と説明しました。

２０１７年10月2日の日経平均の銘柄入れ替えで、北越紀州製紙（現北越コーポレーション）と明電舎が除外されて、リクルートホールディングスと日本郵政が採用された際にも、除数は26・581から26・95へ上昇しました。

なお、日経朝刊の株価欄には毎日、除数と並んで、「倍率」も掲載されていますが、この倍率は、225÷除数で計算されていまます。つまり、倍率は日経平均が構成銘柄の単純平均の何倍になっているかを意味しているわけです。２０１８年10月31日の除数は26・993、倍率は8・335でした。

◉日経平均は値がさ株の影響が大きい

日経平均は225銘柄で構成されるので、全銘柄に等金額投資すれば、1銘柄の比重は0・44％ということになります。しかし、前述のように値がさ株の比重が高い一方、低位株の比重は低くなっています。２０１８年10月31日時点で、日経平均の比重が四捨五入して0・01％という最低の銘柄は双日、ユニチカ、三菱自動車、りそなホールディングス、スカパーJSATホールディングス、東京電力ホールディングスの6銘柄あります。

ユニチカは株価が3桁で、時価総額が約340億円と日経平均の構成銘柄で最低なので、その比重も最低なのは納得できます。一方、東京電力ホールディングスは福島原発事故で株価が急落したとはいえ、時価総額が約2兆円あり、電力会社のなかで依然として最大ですが、日経平均での比重は中部電力と関西電力の3分の1に留まります。電力3社のみなし額面はいずれも500円ですが、東京電力ホールディングスの株価は3桁と他2社の約3分の1なので、日経平均の比重も3分の1になっています。

仮に東京電力ホールディングスの株価が2018年10月31日時点の578円から2倍に上昇したとしても、日経平均の押し上げ効果は2円しかありません。一方、ファーストリテイリングの株価が5万7070円から2倍に上昇すれば、日経平均押し上げ効果は約2000円に達します。このように、日経平均は値がさ株の影響が大きい一方、低位株の影響が小さいため、日経平均も値がさ株との連動性が高くなっています。

◉日経平均の算出開始時の組入銘柄

日経平均の組入銘柄225のうち、1950年9月の算出開始時から現在まで日経平均に採用され続けている銘柄は約半数あります。「約半数」とあいまいな言い方をせざるを得ないのは、再編を繰り返した企業の生い立ちの見方によって、微妙な違いが出るためです。約半数の銘柄が68年間にわたって日経平均に採用され続けていることは、日本の産業構造の変化が遅いというべきか、株価指数の連続性を鑑みると仕方ないというべきか、様々な意見があるでしょう。

銀行のように合併で社名が変わった企業も少なくありませんが、企業が同根であれば採用が継続されていると仮定して数えました。たとえば当時、東京銀行、千代田銀行、東京信託銀行、朝日信託銀行という三菱UFJフィナンシャル・グループの前身となる4社が日経平均に採用されていました。日本銀行は現在もジャスダックに上場していますが、当時は日本銀行も日経平均の採用銘柄でした。

現在はカタカナやアルファベットの社名が多くなりましたが、J．フロント リテイリング傘下である松坂屋、MS&ADインシュアランスグループホールディングス傘下の三井住友海上火災保険の前身である大正海上火災保険は、当初から日経平均に採用されていました。トヨタ自動車が上場したのは1949年5月なので、日経平均の算出開始時には採用されておらず、完成車メーカーは、いすゞ自動車と日野自動車のみでした。

業種	会社名	現在の上場銘柄	
		コード	会社名
化学	日本化学		
	三井化学	4183	三井化学
	東洋高圧	4183	三井化学
	保土谷化学		
	日本化薬	4272	日本化薬
	旭電化		
	三共	4508	第一三共
	武田薬品	4502	武田薬品工業
	わかもと薬		
	富士写真	4901	富士フイルムHD
	小西六写真	4902	コニカミノルタ
	資生堂	4911	資生堂
	江戸川化学		
	鐘淵化学		
石油・石炭	日本石油	5020	JXTG HD
	昭和石油	5002	昭和シェル石油
	丸善石油		
	日本化成	4188	三菱ケミカルHD
ガラス・土石	日本セメント	5233	太平洋セメント
	磐城セメント	5232	住友大阪セメント
	日本陶器		
	東洋陶器	5332	TOTO
	日本碍子	5333	日本碍子
	品川白煉瓦		
	旭硝子	5201	AGC
第一次金属	日本鋼管	5411	JFE HD
	神戸製鋼	5406	神戸製鋼所
	日本砂鉄		
	日本金属工	5413	日新製鋼
	日本冶金工		
	特殊鋼管		
	日本電冶金		
	東京製綱		
	日本金属産		
	日本軽金属	5703	日本軽金属HD
	那須アルミ	5703	日本軽金属HD
	日アルミ工		
	高砂鉄工		
	新芙蓉金属	5401	新日鐵住金

業種	会社名	現在の上場銘柄	
		コード	会社名
第一次金属	ステンレス		
	鉄興社		
機械	新潟鉄工		
	日平産業		
	日本針布		
	小松製作	6301	小松製作所
	四国機械		
	東京機械		
	荏原製作	6361	荏原製作所
	日本ピストン		
	日本精工	6471	日本精工
	ベアリング	6472	NTN
	不二越鋼材		
	横山工業		
電機	日立製作所	6501	日立製作所
	東京芝浦電気	6502	東芝
	三菱電機	6503	三菱電機
	富士電機	6504	富士電機
	東洋電機		
	安川電機	6506	安川電機
	明電舎	6508	明電舎
	古河電気工	5801	古河電気工業
	昭和電線		
	日本電気	6701	日本電気
	東海電極	5301	東海カーボン
	日本カーボン		
輸送機	三井造船	7003	三井E&SHD
	日立造船	7004	日立造船
	函館ドック		
	石川島重工	7013	IHI
	汽車製造		
	日本車輌		
	小糸車輌		
	自動車工	7202	いすゞ自動車
	日野ヂーゼル	7205	日野自動車
	宮田製作		
	西日本重工	7011	三菱重工業
	浦賀船渠		

図表1-4 ◉ 日経平均算出開始時の銘柄

業種	会社名	現在の上場銘柄 コード	現在の上場銘柄 会社名
水産	極洋捕鯨		
	日魯捕鯨		
	日本水産	1332	日本水産
	宝幸水産		
鉱業	日本鉱業		
	中外鉱業		
	三井鉱山		
	三菱鉱業	5711	三菱マテリアル
	古河鉱業	5715	古河機械金属
	北海道炭礦		
	帝国石油	1605	国際石油開発帝石
	大道石油		
	岩手窯業鉱		
食料品	日本製粉		
	日清製粉	2002	日清製粉グループ本社
	昭和産業		
	日本甜菜糖		
	森永食糧		
	明治製菓	2269	明治HD
	明治乳業	2269	明治HD
	麒麟麦酒	2503	キリンHD
	農産化工		
	宝酒造	2531	宝HD
	合同酒精		
	福泉洋酒		
	豊年製油		
	日華油脂		
	野田醤油	2801	キッコーマン
	味の素	2802	味の素
	日本冷蔵	2871	ニチレイ
	日本麦酒	2501	サッポロHD
	朝日麦酒	2502	アサヒグループHD
	和光堂		
	大日本製糖		
繊維	片倉工業		
	昭栄製紙		
	東洋紡績	3101	東洋紡

業種	会社名	現在の上場銘柄 コード	現在の上場銘柄 会社名
繊維	鐘紡紡績		
	大日紡	3103	ユニチカ
	富士紡績		
	日清紡績	3105	日清紡HD
	大和紡績		
	日東紡績	3110	日東紡績
	近江絹紡績		
	大東紡績		
	日本纖維		
	東洋纖維		
	帝国人絹	3401	帝人
	東京麻紡績		
	東洋レーヨン	3402	東レ
	倉敷レイヨン	3405	クラレ
	旭化成	3407	旭化成
	内外編物		
	日興紡績		
	日本製網		
	共和レザー		
パルプ・紙	興国人絹		
	苫小牧製紙	3861	王子HD
	本州製紙	3861	王子HD
	日本パルプ		
	十条製紙	3863	日本製紙
	日本紙業		
	三菱製紙	3864	三菱製紙
	北越製紙	3865	北越コーポレーション
化学	日東化学		
	昭和電工	4004	昭和電工
	新日本窒素		
	日産化学	4021	日産化学
	ラサ化学		
	呉羽化学		
	日本曹達	4041	日本曹達
	東洋曹達	4042	東ソー
	徳山曹達	4043	トクヤマ
	電気化学	4061	デンカ
	信越化学	4063	信越化学工業

業種	会社名	現在の上場銘柄	
		コード	会社名
精密	日本工学	7731	ニコン
	東京光学		
	シチズン時計	7762	シチズン時計
その他製造業	秋田木材		
	凸版印刷	7911	凸版印刷
	大日本印刷	7912	大日本印刷
	日本楽器	7951	ヤマハ
	東洋製缶	5901	東洋製罐グループHD
	三井木材		
商業	高島屋飯田	8002	丸紅
	三井物産	8031	三井物産
	第一物産	8031	三井物産
	三菱商事	8058	三菱商事
	三越	3099	三越伊勢丹HD
	白木屋		
	松坂屋	3086	J.フロント リテイリング
	丸善		
	明治商事	2269	明治HD
金融・保険	日本銀行		
	東京銀行	8306	三菱UFJ FG
	千代田銀行	8306	三菱UFJ FG
	東京信託銀行	8306	三菱UFJ FG
	朝日信託銀行	8306	三菱UFJ FG
	帝国銀行	8316	三井住友FG
	大阪銀行	8316	三井住友FG
	第一銀行	8411	みずほFG
	富士銀行	8411	みずほFG
	勧業銀行	8411	みずほFG
	富士信託銀	8309	三井住友トラスト・HD
	東京海上	8766	東京海上HD
	大正海上	8725	MS&ADインシュアランスGH
	安田火災	8630	SOMPO HD
	三井本社		
	三菱本社		
不動産	平和不動産	8803	平和不動産
	国際不動産		
不動産	三井不動産	8801	三井不動産
陸運	東武鉄道	9001	東武鉄道
	西武鉄道		
	相模鉄道		
	東京急行	9005	東京急行電鉄
	京浜急行		
	小田急	9007	小田急電鉄
	京王帝都	9008	京王電鉄
	京成電鉄	9009	京成電鉄
	日本通運	9062	日本通運
海運	日本郵船	9101	日本郵船
	大阪商船	9104	商船三井
	日産汽船		
	飯野海運		
	東邦開運		
	東海汽船		
	日本海運	9062	日本通運
倉庫	三菱倉庫	9301	三菱倉庫
電気・ガス	東京瓦斯	9531	東京瓦斯
	日本発電送	9501	東京電力HD
	関東配電	9501	東京電力HD
	中部配電		
サービス	松竹		
	東宝	9602	東宝
	大映		
	新東宝		
	日活		
	スバル興業		
	東京興行		
	後楽園スタヂアム	9681	東京ドーム
	東京会館		
	国際観光		
	東洋観光		
	大泉		
	国際興行		

注　：このリストは推奨銘柄ではない
出所：日本経済新聞社『株がわかる!　日経平均公式ガイドブック（2010年）』よりみずほ証券エクイティ調査部作成

◉産業構造の変化を反映した日経平均の業種変化

1950年9月の算出開始時の日経平均の業種別の採用銘柄数は化学が25社、繊維が22社と多かったのですが、現在繊維の採用銘柄数は4社に減りました。化学は多様なサブセクターがあって定義がむずかしいですが、日経平均の採用銘柄数は25社から17社に減りました。当時12社が日経平均に採用されていた電機が、いまは27社で最大の銘柄数になっています。当時金融は16社採用されていましたが、現在は21社に増えました。

社名や業種が変わっても、日経平均に

図表1-5 ◉ 日経平均の業種別採用銘柄数の変化

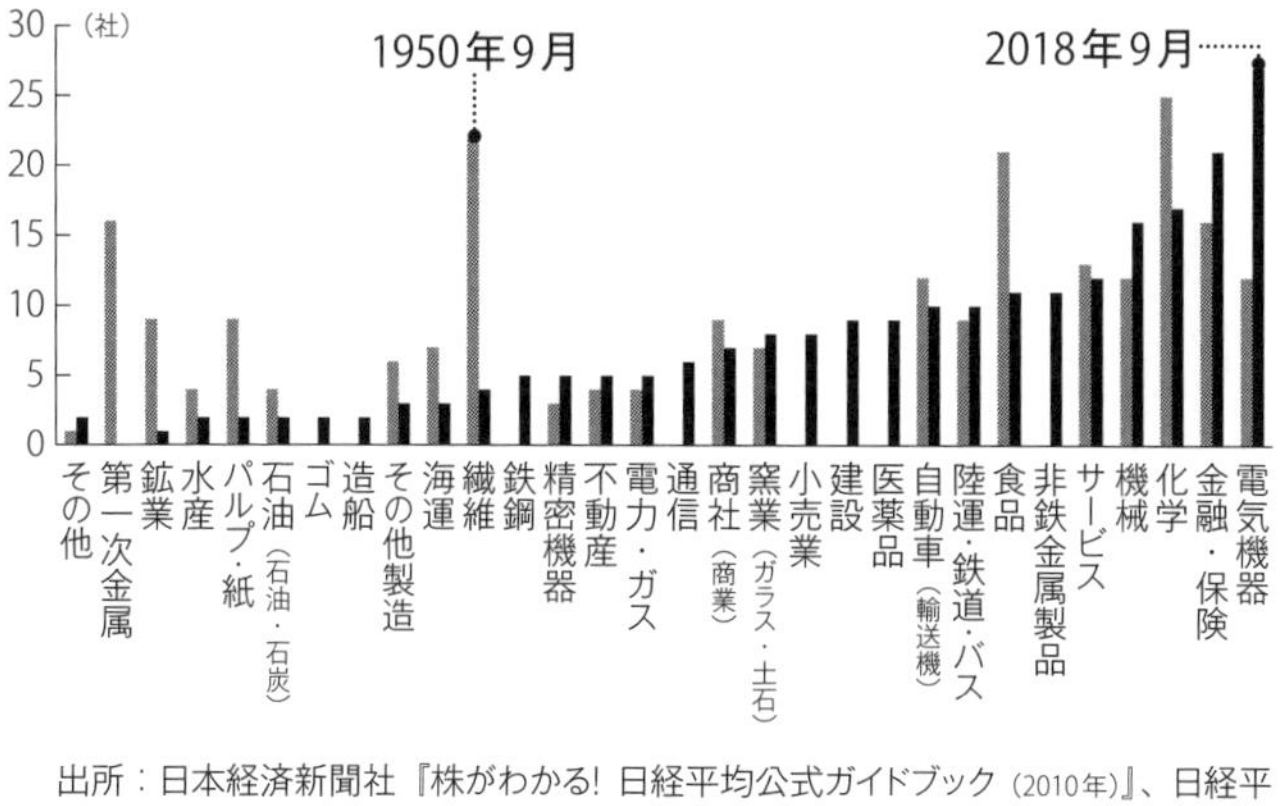

出所：日本経済新聞社『株がわかる! 日経平均公式ガイドブック（2010年）』、日経平均プロフィルよりみずほ証券エクイティ調査部作成

採用され続けている銘柄もあります。コニカの前身である小西六写真は当時、化学として日経平均に採用されていましたが、現在はコニカミノルタとして精密に属しています。当時東海電極として、電機で日経平均に採用されていた東海カーボンは、現在は窯業での採用です。当時は日本カーボンも採用されていましたが、2000年4月の大量銘柄入れ替えの際に除外されました。両社とも炭素製品大手ですが、東海カーボンのほうが強い成長力を発揮しました。

経済はサービス化が進展していますが、サービスの日経平均採用銘柄数が当時の13社から現在12社に減ったのは不思議です。当時から日経平均に採用されているサービスに属する銘柄は、東宝と東京ドーム（当時は後楽園スタヂアム）のみです。不動産では当初から三井不動産が採用されていましたが、三菱地所は当初からの採用銘柄でありませんでした。

◉日経平均の構成銘柄のおかしいところ

日経平均の構成銘柄は市場流動性とセクターバランスを考慮して選ばれるうえ、歴史的な経緯もあるので、じっくり見ると、なぜこの銘柄が入っているのか、逆になぜこの銘柄が入っていないのかと思うことがあります。

たとえば、東証1部の時価総額の0・1%を占めるに過ぎない水産・農林から日経平均に日本水産とマルハニチロの2銘柄が選ばれています。東証1部には2018年9月21日時点で2110銘柄上場しているので、日経平均の225銘柄に選ばれる確率は約10社に1社ですが、東証1部に7銘柄しか上場していない水産・農林から2銘柄選ばれているということは、同業種から選ばれる確率は約3割と、東証1部全体から選ばれる確率の約3倍になっています。東証1部の銘柄数が10しかない石油・石炭、同11銘柄しかないゴム製品からもともに2銘柄選ばれているので、日経平均に選ばれる確率が市場全体の約2倍ということになります。繊維は40銘柄上場しているので、日経平均に4銘柄選ばれているのは多すぎるということはないでしょうが、東レや帝人に比べて規模が小さく、事業構造も転換も遅れている東洋紡やユニチカがいまだに日経平均に入っています。両社ともに1949年から上場しています。

電機からは日経平均に最多の27銘柄選ばれていますが、キーエンス、村田製作所、日本電産、オムロンなどが入っておらず、逆に日清紡ホールディングス、GSユアサコーポレーション、OKIなどが入っているのは、電機の代表銘柄という観点からはずれている印象を与えます。その他製造では、低ROEで有名な大日本印刷と凸版印刷が含まれています。証券では野村ホールディングスと大和証券グループ本社に加えて、ネット証券で独り勝ちになっているSBIホールディングスでなく、松井証券が入っているのは不思議です。コンビニ大手3社では、ローソンだけが日経平均に採用されていません。1業種から1銘柄だけが選ばれている業種は、銘柄選択のむずかしさがあります。その他金融ではオリックスが代表銘柄という印象がありますが、オリックスではなく、クレディセゾンが日経平均採用銘柄です。倉庫では三菱倉庫と三井倉庫ホールディングスがライバル関係ですが、三菱倉庫のみが日経平均に選ばれています。

◉COLUMN

自分でもできる日経平均の計算

日経平均は、東京証券取引所で株式が立会取引されている時間帯に、5秒間隔で算出されます。始値は午前9時00分5秒の値です。5秒間隔での算出は2017年7月18日からで、リアルタイム算出を開始した1985年から2009年までは1分間隔、2010年1月4日から2017年7月14日までは15秒間隔で、算出されていました。

場が引けた後であれば、自分でエクセルで計算することもできます。やり方は、22

5銘柄の株価を入れて、それに50円を乗じて、それぞれのみなし額面で割った値を合計し、除数で割ると、ほぼ日経平均の現値になります。

各銘柄のみなし額面は、日本経済新聞社のWEBサイトからCSVファイルで入手できます。日経平均の算出に用いられる構成銘柄の株価は、①特別気配または連続約定気配、②現在値、③基準価格の優先順で採用されます。

特別気配値とは、株式市場が売り買いの注文が一方に偏っていてすぐに売買が成立できない状況で、東京証券取引所が公表する気配値です。日経平均の算出では、構成銘柄の終値が採用されることが圧倒的に多いのですが、もし日中に取引があっても、特別気配で取引を終えていれば、終値ではなく、特別気配が使われます。新聞の相場表には、特別気配は記載されないため、個人の計算結果と日本経済新聞社の発表する日経平均が若干合わないことがあります。

面倒ですが一度、日経平均銘柄の構成銘柄をエクセルに手打ちして、みなし額面や除数を入れて、日経平均を計算してみると、日経平均の意味合いがよく理解できます。

TOPIXと日経平均はどう違うのか？

◉個別銘柄の比重がまったく異なる

米国のS&P500や英国のFTSEをはじめ時価総額加重平均で計算される株価指数は、前節で触れたように、浮動株比率を考慮するのが一般的です。TOPIXは2005年10月から2006年6月にかけて、浮動株調整が実施されましたが、日経平均は浮動株比率が考慮されていません。

たとえば、日経平均で最も比重が高いファーストリテイリングは、創業者の柳井正会長兼社長のファミリーで約3割保有しているため、浮動株比率（FFW＝Free Float Weight）は0・2と低く、その分、TOPIXでの時価総額は割り引かれて算入されています（それゆえファーストリテイリングは値がさ品薄株と呼ばれます)。日経平均は浮動株比率が低い値がさ株の影響が大きいため、資金力が大きいヘッジファンドであれば、ファーストリテイリングなどを集中的に売買することで、日経平均へ間接的な影響を与えることができる問題も指摘されます。

日経平均における個別銘柄の比重は、株価×50÷みなし額面で計算した修正株価を、225銘柄の合計値で割ることで計算できます。日本経済新聞社も定期的に比重を発表していますが、2018年10月31日時点で比重が高い上位5銘柄は、ファーストリテイリングの9・6%、ソフトバンクグループの4・6%、ファナックの3・3%、KDDIの2・9%、東京エレクトロンの2・7%の順であり、これら5銘柄で日経平均の23%を占めます。ファーストリテイリングだけで、日経平均の比重の1割弱も占めます。KDDI以外は株価が5桁(すなわち、万円台)であり、ソフトバンクグループのみなし額面は16・7円、KDDIは同8・3円であるため、株価水準以上に日経平均へのインパクトが出やすくなっています。

日経平均の比重6~10位はダイキン工業とユニー・ファミリーマートホールディングスの2・2%、京セラとテルモの2・1%、TDKの1・6%の順であり、これら上位10銘柄で日経平均の33%を占めます。

図表1-6 ◉ 日経平均とTOPIXの比重の上位20銘柄

日経平均

順位	コード	銘柄名	日経業種	比重（%）
1	9983	ファーストリテイリング	小売業	9.6
2	9984	ソフトバンクグループ	通信	4.6
3	6954	ファナック	電気機器	3.3
4	9433	KDDI	通信	2.9
5	8035	東京エレクトロン	電気機器	2.7
6	6367	ダイキン工業	機械	2.2
7	8028	ユニー・ファミリーマートHD	小売業	2.2
8	6971	京セラ	電気機器	2.1
9	4543	テルモ	精密機器	2.1
10	6762	TDK	電気機器	1.6
11	4063	信越化学工業	化学	1.6
12	4523	エーザイ	医薬品	1.6
13	9735	セコム	サービス	1.6
14	6098	リクルートHD	サービス	1.5
15	4503	アステラス製薬	医薬品	1.5
16	4452	花王	化学	1.3
17	9613	エヌ・ティ・ティ・データ	通信	1.2
18	4507	塩野義製薬	医薬品	1.2
19	4911	資生堂	化学	1.2
20	6988	日東電工	化学	1.2
			上位5社合計	23.1
			上位10社合計	33.3
			上位20社合計	47.2

TOPIX

順位	コード	銘柄名	日経業種	比重（%）
1	7203	トヨタ自動車	輸送機	3.2
2	8306	三菱UFJ FG	銀行	2.0
3	6758	ソニー	電機	1.8
4	9984	ソフトバンクグループ	情報通信	1.6
5	9432	日本電信電話	情報通信	1.4
6	8316	三井住友FG	銀行	1.3
7	7267	本田技研工業	輸送機	1.2
8	6861	キーエンス	電機	1.2
9	8411	みずほFG	銀行	1.1
10	9433	KDDI	情報通信	1.0
11	8058	三菱商事	卸売	0.9
12	7974	任天堂	他製品	0.9
13	6098	リクルートHD	サービス	0.9
14	3382	セブン＆アイ・HD	小売	0.9
15	9437	NTTドコモ	情報通信	0.9
16	9022	東海旅客鉄道	陸運	0.8
17	8766	東京海上HD	保険	0.8
18	6954	ファナック	電機	0.8
19	4452	花王	化学	0.8
20	4502	武田薬品工業	医薬品	0.8
			上位5社合計	9.9
			上位10社合計	15.7
			上位20社合計	24.2

注　：2018年10月31日時点、このリストは推奨銘柄ではない
出所：日経、ブルームバーグよりみずほ証券エクイティ調査部作成

一方、TOPIXで時価総額1位のトヨタ自動車の日経平均における比重は1・1%と21位で、同2位の三菱UFJフィナンシャル・グループの比重はわずか0・1%に過ぎません。ちなみに、三菱UFJフィナンシャル・グループは株価が3桁と低位であるうえ、みなし額面が50円であるため、日経平均においても比重が低くなりやすくなっています。時価総額が約9・5兆円の三菱UFJフィナンシャル・グループの日経平均の比重は、時価総額約3300億円の荏原製作所と同じなのです。

ほかにも、TOPIXで時価総額10位のみずほフィナンシャルグループの日経平均での比重は0・03%と、三井E&Sホールディングス（旧三井造船）並みです。NTTドコモの時価総額は約11兆円と、KDDIの約7兆円を上回りますが、日経平均の比重はKDDIの2・9%に対して、NTTドコモは0・05%と約60倍も違います。みなし額面が小さいほど、日経平均の比重は高まりますが、NTTドコモのみなし額面が500円であるのに対して、KDDIは8・3円であるため、こうした違いが出ます。

企業業績やそれを反映する時価総額より、市場が決める株価水準や日本経済新聞社が決めるみなし額面が、日経平均の個別銘柄の比重決定で重要な役目を果たしていることに注意が必要です。

◉日経平均とTOPIXで大きく異なる業種比重

TOPIXと日経平均の業種比重を比べてみます。日経平均の銘柄比重は時価総額加重平均ではなく、日経平均の計算方式である価格で平均し、それを日経の36業種分類ではなく、東証33業種で合計して比べました。

両指数とも電機が最も高くなっていますが、2018年10月31日時点でその比重はTOPIXの13・1％に対して、日経平均は17・0％ともっと高くなっています。

逆に、東証1部で2番目に比重が高い輸送機はTOPIXの8・1％に対して、日経平均は5・6％と6番目の比重しかありません。

日経平均で2番目に業種比重が高いのは小売の14・0％であり、TOPIXの5・2％の約3倍の比重です。しかも日経平均の小売のうち約7割はファーストリテイリングが占めます。

輸送機以上にTOPIXと日経平均で比重が異なるのは銀行です。銀行株は長期下落傾向にあるとはいえ、TOPIXの比重で7・0％と5位ですが、日経平均ではわずか0・9％と1％以下です。

TOPIXにおける比重が7・7%と3位の情報通信は、日経平均では10・8%に高まります。4位の化学もTOPIXの7・1%に対して、日経平均では8・4%と若干高くなっています。機械の比重はTOPIXの5・0%に対して、日経平均4・9%と近くなっています。サービス業はTOPIXと日経平均の比重が4・7%で同じという珍しい業種です。卸売と陸運は日経平均における比重がTOPIXにおける比重の約半分です。

このように、日経平均はTOPIXに比べて、電機や小売などをオーバーウエイトする一方、輸送機や銀行などをアンダーウエイトした株価指数といえます。

図表1-7 ◉ 日経平均とTOPIXの業種比重の比較

	日経平均		TOPIX	
順位	業種名	比重(%)	業種名	比重(%)
1	電機	17.0	電機	13.1
2	小売	14.0	輸送機	8.1
3	情報通信	10.8	情報・通信	7.7
4	医薬品	8.6	化学	7.1
5	化学	8.4	銀行	7.0
6	輸送器	5.6	小売	5.2
7	機械	4.9	卸売	5.1
8	サービス	4.7	医薬品	5.1
9	食品	4.7	機械	5.0
10	精密	3.1	サービス	4.7
	上位10業種合計	81.8	上位10業種合計	68.1
参考	銀行	0.9		

注　:2018年10月31日時点
出所:日経、ブルームバーグよりみずほ証券エクイティ調査部作成

◉年金のベンチマークにならない日経平均

ＴＯＰＩＸは東証１部の全銘柄を対象にし、株主重視意識がまったくない企業まで投資対象になるため、パッシブ運用でＴＯＰＩＸを投資対象にすることは、コーポレートガバナンス上問題が多いとの指摘もありますが、多くの国内年金は配当込みのＴＯＰＩＸをベンチマークとします。たとえば、運用資産約１６０兆円と最大の公的年金であるＧＰＩＦ（年金積立金管理運用独立行政法人）の国内株式のベンチマークは配当込みＴＯＰＩＸで、外国株式のベンチマークは日本を除く円ベースのＭＳＣＩ ＡＣＷＩ（All Country World Index）です。世の中的には株式市場の指標として日経平均が言及される場合が多くなっていますが、日経平均は価格平均の特殊な株価指数であるため、機関投資家のベンチマークにはなりません。

ＧＰＩＦは２０１８年3月末に国内最大となる41兆円の国内株式を保有していましたが、うち90％はベンチマークと同じパフォーマンスを目指すパッシブ運用であり、ファンドマネージャーの裁量権が大きいアクティブ運用は10％に過ぎませんでした。ＧＰＩＦの国内株式パッシブのベンチマークはＴＯＰＩＸが75％、ＪＰＸ日経４００インデックスが５％、

２０１７年7月に採用した3つのＥＳＧ（Engagement, Social, Governance）指数が４％、残りはRussell/Nomura 指数などであり、日経平均はゼロでした。

ＧＰＩＦに次いで運用資産が大きい公的年金である地方公務員共済組合連合会のベンチマークはＴＯＰＩＸが90％とさらに高く、日経平均は同じくゼロでした。

また、多くの外国人投資家は、ＭＳＣＩやＦＴＳＥなど海外の株価指数をベンチマークにします。

◉ＮＴレシオが約20年ぶりの高値になっている背景

ＮＴレシオとは日経平均株価（Ｎ）÷ＴＯＰＩＸ（Ｔ）で計算される両指数間の相対的な強さを示す投資尺度ですが、株式市場関係者から注目されています。

日経平均とＴＯＰＩＸの裁定取引を行なう業者やヘッジファンドのみならず、収益づくりのためにＥＴＦ売買を積極的に行なう銀行の自己勘定部門からもＮＴレシオは注目されています。なお、外国人投資家にはＮＴレシオといっても、ピンとこない人が多いので、Nikkei をＴＯＰＩＸで割った値だと説明する必要があります。

ＮＴレシオは２００８年10月に10割れで大底をつけた後、２０１８年11月2日に13・4

6と約20年ぶりの高値をつけました。NTレシオの右肩上がりのチャートを見て、これが日経平均だったらよかったのにと思うことがあります。

基本的にNTレシオは過去10年間右肩上がりです。銀行がマイナス金利、自動車が貿易摩擦などの悪影響を受けて、株価が長期低迷している一方、日経平均の上位構成銘柄にはグローバル展開に成功している企業が多くなっているためです。たとえば、2018年度予想までの5年間の経常増益率は日経平均構成銘柄のほうが年率9・8%と、TOPIXの同6・8%増益よりも高くなっています。

NTレシオは日銀のETF購入などによって左右されるテクニカルな指標とみ

図表1-8 ◉ NTレシオの推移

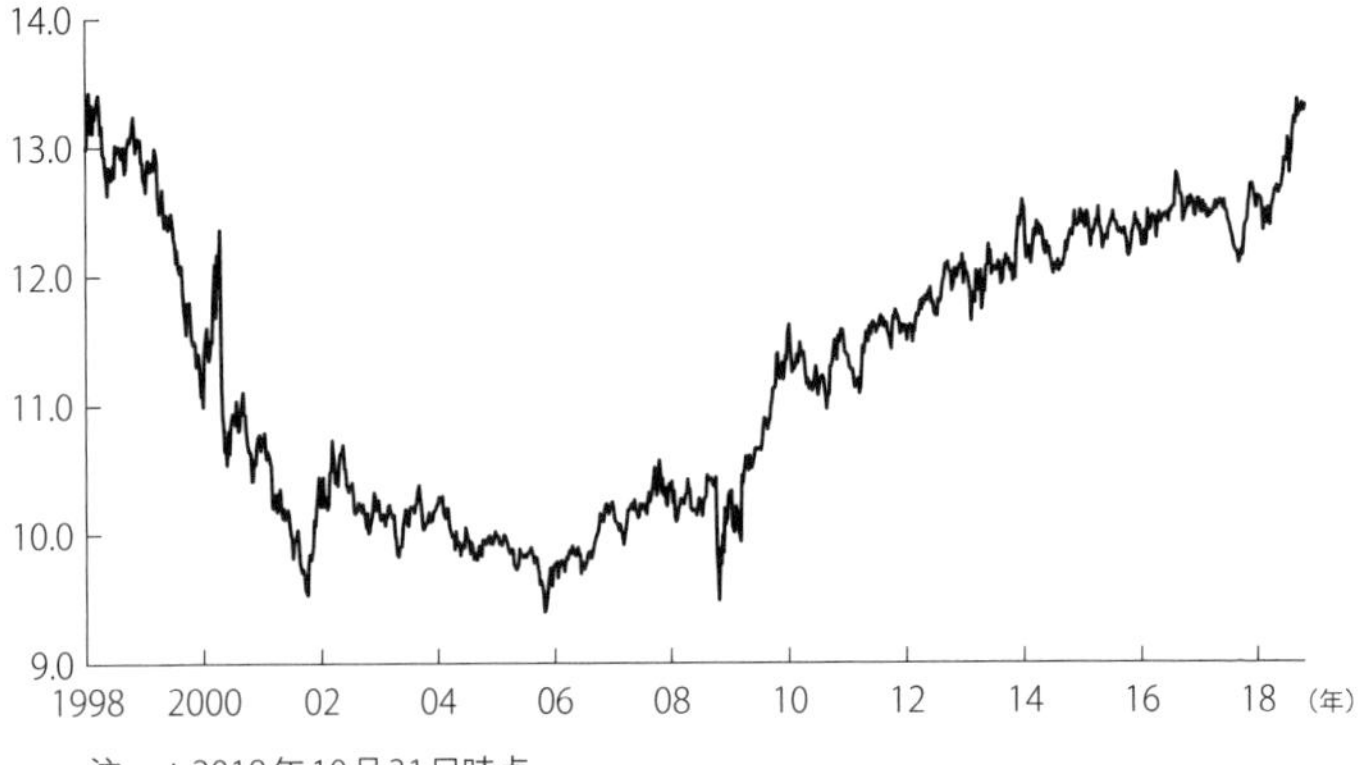

注　：2018年10月31日時点
出所：ブルームバーグよりみずほ証券エクイティ調査部作成

られやすいですが、NTレシオのトレンドとしての上昇は構成銘柄のファンダメンタルズの違いの反映といえます。ただ、長い目でみると、経済ファンダメンタルズを反映して、日経平均とTOPIXは同じ方向に動きます。日経平均とTOPIXの相関係数は過去20年間で0・93、過去10年間で0・98です（相関係数は1に近いほど同方向で関連性が高くなります）。

◉COLUMN

日経平均採用の倒産銘柄はどれだけあった？

米国では買収、倒産、MBO（Management Buyout）などによって上場企業が減る一方、日本は買収、倒産、MBOなどによる上場廃止がほとんどないため、上場銘柄数は増えるばかりです。しかし、かつて日経平均に採用されていた銘柄で、いくつか倒産した銘柄があります。日経平均は日本を代表する企業が採用されているうえ、銀行による支援も手厚いので、日経平均採用銘柄が倒産するのはまれですが、一部に倒産による銘柄除外の事例もあります。

日本航空は2010年1月19日に会社更生法を申請し、翌日に日経平均から除外されて、ＪＲ東海が採用されました。日本航空は経営再建後、２０１２年９月に再上場しましたが、いまも日経平均には採用されておらず、空運ではライバルのＡＮＡホールディングスのみの採用になっています。

２０００年代前半の金融危機の時期にはゼネコンの倒産も相次ぎ、日経平均から除外される銘柄がありました。２００２年３月３日に佐藤工業が会社更生法を申請し、翌日に日経平均から除外されて、日本コムシス（現コムシスホールディングス）が採用されました。１９９２年７月に日経平均に採用された青木建設は、２００１年12月６日に民事再生法を申請し、上場廃止になり、日経平均から除外されましたが、２００４年にあすなろ建設と合併し、現在も青木あすなろ建設として上場しています。日本ではいったん倒産しても、経営統合や企業再生を経て、再上場する企業が少なくなく、ゾンビ企業と揶揄されます。

総合重機メーカーだった新潟鐵工所は２００１年11月27日に会社更生法を申請し、翌日に日経平均から除外されて、住友不動産が採用されました。もっと古くは、１９８５年８月13日に三光汽船が会社更生法を申請し、翌日に日経平均から除外され、山之内製薬（現アステラス製薬）が採用されました。１９８４年７月23日にミシンメーカーのリッカーが和議を申請した翌日に日経平均から除外され、代わりに大日本製薬（現大日本住友製薬）が採用されました。

HOW SIGNIFICANT ARE STOCK INDICES FOR INVESTORS?

世界の株価指数について知っておこう

◉米国経済の実態を反映するS&P500

ウォーレン・バフェット氏は2014年の株主への手紙で、「資産の10%を米国の短期国債、90%をS&P500指数に連動するインデックス型の投信に振り向けておけば、高い手数料を取るファンドマネージャーより長期で良い成績を上げられる」として、自分の死後、妻に残す信託財産の運用方法についてこうした指示を出したことを明らかにしました。このように、S&P500は米国を代表する優良企業500社を選び、時価総額加重平均方式で算出された株価指数です。

S&Pダウ・ジョーンズ・インデックスは2018年9月28日に前例のない業種の大幅

な見直しを行ない、波紋を呼びました。銘柄の入れ替えではないので、S&P500などの株価指数全体に投資するパッシブ投資家にとっては意味がありませんが、アクティブ・ファンドのパフォーマンスは個別銘柄選択と業種比重で測られるので、業種変更は重要です。また、米国にはセクターETFも多いため、業種変更に伴って200億ドルの売買が行なわれたと推測されました。

このときの業種変更では、「通信サービス」が廃止され、新たに「コミュニケーション・サービス」が生まれました。この新セクターの銘柄は既存の通信サービス、メディア、放送、広告から選ばれました。たとえば、アマゾンは異なる産

図表1-9 ◉ FANG指数、ナスダック指数、S&P500の推移

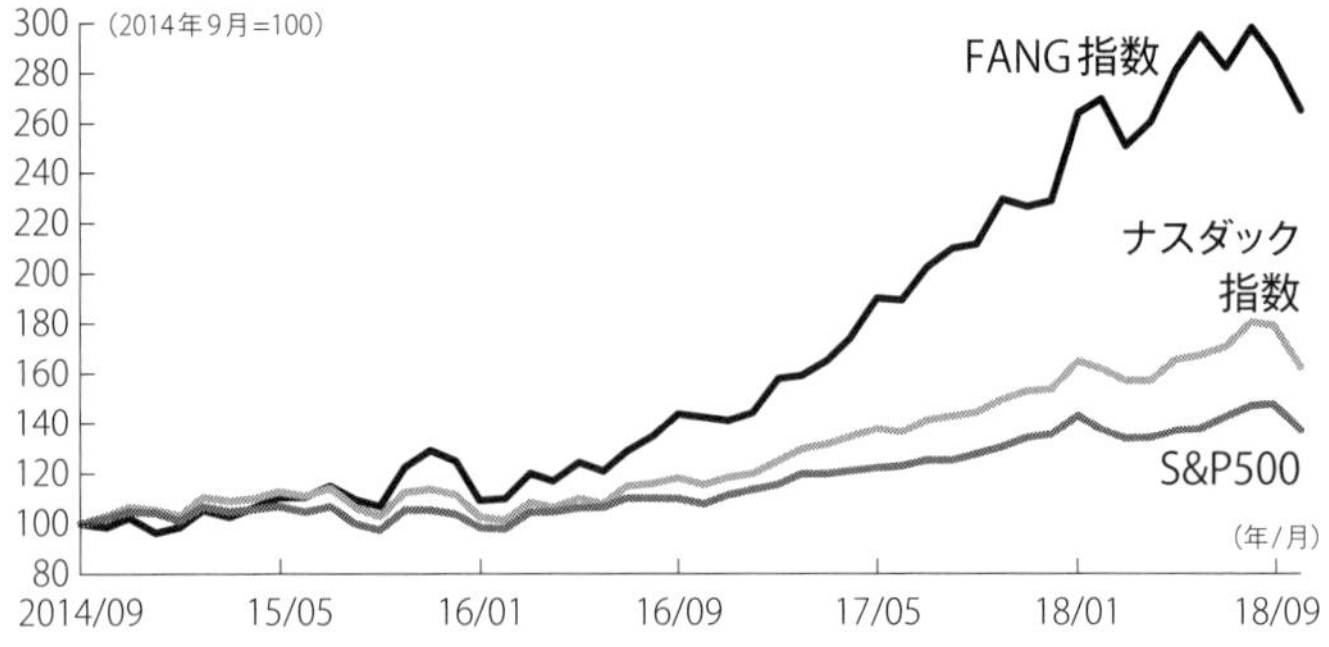

注：FANG指数はネットフリックス、アップル、アマゾン・ドット・コム、フェイスブック、エヌビディア、アリババ・グループHD、アルファベット、ツイッター、バイドゥ、テスラで構成。2018年10月31日時点
出所：ブルームバーグよりみずほ証券エクイティ調査部作成

業で様々な事業をダイナミックに行なっているので業種分類がむずかしいのですが、アマゾンは一般消費財に残る一方、グーグルの親会社のアルファベットとフェイスブックは情報テクノロジーからコミュニケーション・サービスに移されました。アマゾンがマクドナルドやフォードなどと同じ業種に入ることは議論の余地があるでしょう。逆に、ディズニーとコムキャストは、一般消費財からコミュニケーション・サービスに移りました。

こうした結果、情報テクノロジーのアップル、一般消費財のアマゾン、コミュニケーション・サービスのフェイスブックとアルファベットのように、いくつかのセクターでは少数の巨大テクノロジー株の比重が高まりました。アルファベットとフェイスブックが情報テクノロジーでなくなったことで、情報テクノロジーのS&P500の時価総額に占める比率は約25%から約20%に低下しました。情報テクノロジーに留まったアップル、マイクロソフト、インテルの比重が上がり、とくにアップルの同セクターにおける比重は16%から20%に高まりました。

英国の独立系調査会社で、みずほ証券が提携するAbsolute Strategy Researchは9月13日のレポートで、「米国のコミュニケーションの発展の歴史は緩い規制で始まり、厳しくなる傾向があった。いくつかのテクノロジー株は規制が緩いテクノロジーから、金融の次に規制が厳しいコミュニケーション・サービスに移された。EUの競争政策の厳しさも過小評価すべきでない。トランプ大統領が主張している米国の知財を他国に移転しないことは、米国テクノロジー企業がグローバル経済で果たす役割の障害になろう」と指摘し、テクノロジー株の強気一辺倒に警鐘を鳴らしました。

●ドイツでは株価指数から大手銀行が除外

欧州では英国のFTSE、ドイツのDAX、フランスのCAC、汎欧州のEuro Stoxx 50などが主要株価指数になっています。FTSEには全銘柄を含む株価指数もありますが、FTSE100が最も注目されています。DAXは30銘柄、CACは40銘柄であり、日経平均のように225銘柄も含まれる株価指数は欧州では一般的ではありません。

欧州では金融危機が長引いており、ドイツ最大の銀行のドイツ銀行は2017年まで3年連続で赤字に陥り、Euro Stoxx 50から2018年9月に除外されました。ドイツ銀行の時価総額は年初来4割近くも減り、同指数のなかで時価総額比重が0・7%と最小になったのが、除外の理由でした。

ドイツ2位の銀行のコメルツ銀行も2018年9月のDAX指数の見直しで除外されて、ミュンヘンの新興ペイメント企業のWirecardが採用されました。ドイツ政府がドイツ銀行とコメルツ銀行の合併を模索しているとの見方もあります。

世界的に伝統的銀行業が縮小し、フィンテックに代表される新たな金融サービス業が興隆してきています。ニューヨークダウにはJPモルガン・チェースとゴールドマンサックスが銀行として採用されていますが、ゴールドマンサックスは普通の銀行ではなく、何でもハングリーなビジネスを行なう投資銀行です。ニューヨークダウに採用されているアメリカン・エクスプレスとVISAは、日本でいえばノンバンクです。日経平均には現在11の銀行が採用されていますが、銀行業の経済における地位低下とともに、将来的に日経平均から除外される銀行も出てくるでしょう。

◉英国FTSEは四半期ごとに銘柄入れ替え

日経平均は2000年の30銘柄入れ替えが株価指数の連続性に問題だと批判されて以来、定期銘柄入れ替えは年1回1～3銘柄に留めていますし、TOPIXの銘柄入れ替えも年1回です。一方、英国を代表する株価指数であるFTSE100は四半期ごとに銘柄入れ替えを行なっています。買収などコーポレートアクションに伴う銘柄入れ替えを除くと、2016年には8銘柄、2017年には9銘柄を入れ替えました。

ＦＴＳＥの株価指数には浮動株調整した時価総額が最も大きいＦＴＳＥ１００に次いで、次の時価総額が大きい２５０銘柄で構成されるＦＴＳＥ２５０、さらにそれ以下の３５０銘柄で構成されるＦＴＳＥ３５０があります。ＦＴＳＥ１００では時価総額が90位以下になったときにレビューの対象になり、１１１以下になれば削除されて、ＦＴＳＥ２５０に入れられます。２００８年以降の銘柄入れ替え数は日経平均の39に対して、ＦＴＳＥは１０７と約3倍に達しました。株価指数の銘柄入れ替えの頻度については様々な意見がありますが、産業構造や企業の競争力の変化を反映して、日経平均ももっと頻繁かつ大胆に銘柄入れ替えを行なっていいかもしれません。

ＦＴＳＥ全株指数の計算は１９６２年に始まり、ＦＴＳＥ１００の算出は１９８４年に始まりましたが、ＦＴＳＥ株価指数はプロの投資家のためのツールとして、その効率性と透明性が評価されています。

HOW SIGNIFICANT ARE STOCK INDICES FOR INVESTORS?

その他の注目すべき日本の株価指数

●日経朝刊の株式欄には多数の株価指数が掲載

株式市場関係者でもない限り、株価指数は日経朝刊の1面左下に掲載されている日経平均の前日の値と前日比しか見ないかもしれません。しかし、日経朝刊には日経平均から派生した株価指数が掲載されています（以下、2018年10月現在の紙面に基づいています）。

マーケット総合1面には「市場体温計」として、右上に日経平均とTOPIXの値と、日経平均の前日の動きのチャートが掲載されています。その左隣には、JPX日経インデックス400とJPX日経中小型株指数が掲載されているため、日本経済新聞社としては、日経平均の次にJPX日経インデックス400を重視している表れかもしれません。その

名称	概要	組み入れ対象銘柄	銘柄入れ替え	算出方法	基準年など	現在値
日経株価指数300	「より少ない銘柄で市場の実勢を的確に表す」ことを目的に開発した時価総額加重型の指数	東証第1部に上場する銘柄から選定された300銘柄	毎年1回、「定期見直し」で10月初めに構成銘柄を入れ替える。過去3年間の時価総額の増加幅と日経業種中分類ごとの時価総額構成への寄与度をもとに入れ替える	時価総額型指数で、構成銘柄の時価総額合計額を、「基準時価総額」で割って算出	算出開始は1993年10月8日。1982年10月1月の値を100とする	330.29
日経500種平均株価	日経平均と同じ「ダウ式」により算出する平均株価。対象500銘柄をベースとして、日経業種中分類による業種別日経平均株価もあわせて算出	東証1部に上場する銘柄から選定された500銘柄	毎年1回、「定期見直し」で4月初めに構成銘柄を入れ替える。過去3年間の売買高、売買代金、時価総額をランキングした結果で、上位500銘柄を採用	旧額面制度を継承した「みなし額面」を各構成銘柄に設定。日経500種平均株価はみなし額面で換算した構成銘柄株価の合計金額を、「除数」で割って算出	算出開始は1982年1月4日（1972年1月4日まで遡及計算）	2,015.28
日経JAPAN1000	株式市場全体の動向に連動させた運用をめざす投資家のベンチマークとなることを主目的に設計した浮動株の調整を加味した時価総額型の株価指数	国内証券取引所に上場する全銘柄（親株式、内国株）から選定された1000銘柄	毎年1回、「定期見直し」で10月末に構成銘柄を入れ替える。過去2年間の浮動株調整済み時価総額の平均値のランキングをもとに入れ替えを実施	浮動株を調整した時価総額型指数で、構成銘柄の浮動株調整済み時価総額合計額を、「基準時価総額」で割って算出	算出開始は2005年3月31日（1986年11月1日まで遡及計算）。2002年11月1月の値を1,000として算出	1,949.99
日経平均ボラティリティ・インデックス	投資家が日経平均の将来の変動をどのように想定しているかを表した指数	現在の市場で見込まれている日経平均の1カ月先の変動率を示す	日経平均の銘柄入れ替えに準ずる	大阪証券取引所に上場している日経平均先物及び日経平均オプションの価格をもとに算出	算出開始は2010年11月19日（1989年6月12日まで遡及計算）	26.28
日経平均高配当株50指数	日経平均構成銘柄のうち配当利回りの高い50銘柄から構成される配当利回りウエート方式の株価指数。配当利回りに売買代金を加味して構成銘柄の指数算出上のウエートを決定	日経平均株価の構成銘柄の中から50銘柄を選定	毎年1回、「定期見直し」で6月末（最終証券営業日）に構成銘柄を入れ替える	指数は構成銘柄の株価にウエート・ファクターをかけた値を合算し、この合計金額を、「除数」で割って算出。除数は時価総額加重方式の指数における基準時価総額に準じたもの	算出開始は2017年1月10日。2001年12月28日の値を10000として過去分を遡及計算	37,127.38

図表1-10 ◉ 日経平均と関連株価指数

名称	概要	組み入れ対象銘柄	銘柄入れ替え	算出方法	基準年など	現在値
日経平均	東証1部に上場する225銘柄を選定し、その株価を使って算出する価格平均型の指数	東証1部に上場する銘柄から選定された225銘柄。ETF、REIT、優先出資証券、子会社連動配当株式などの普通株式以外を除く	毎年1回、定期見直しで10月初めに構成銘柄を入れ替える。市場流動性とセクター間のバランスにより選定。経営再編や経営破綻などで欠員が出る場合には「臨時入れ替え」で銘柄補充	旧額面制度を継承した「みなし額面」を各構成銘柄に設定し、みなし額面で換算した構成銘柄株価の合計金額を「除数」で割って算出	算出開始は1950年9月7日（1949年5月16日まで遡及計算）	21,920.46
日経ジャスダック平均	ジャスダックに上場する全銘柄を対象に、日経平均と同じ方式により算出	ジャスダックに上場する全銘柄	新規上場やジャスダックへの指定替えの場合は、上場日または指定替え日の翌月最終営業日より算出対象とする	旧額面制度を継承した「みなし額面」を各構成銘柄に設定。日経ジャスダック平均はみなし額面で換算した構成銘柄株価の合計金額を「除数」で割って算出	算出開始は1985年4月1日（1983年11月11日まで遡及計算）	3,563.17
JPX日経インデックス400	資本の効率的活用や投資者を意識した経営観点など、グローバルな投資基準に求められる諸条件を満たした、投資者にとって投資魅力の高い会社で構成される株価指数	東京証券取引所（第1部、第2部、マザーズ、ジャスダック）を主たる市場とする銘柄から選定された400銘柄	毎年1回、「定期見直し」で8月末に構成銘柄を入れ替える。過去3年間の売買代金と毎年6月末の時価総額をもとに市場流動性の高い1,000銘柄を選んだうえで、3年平均ROE、3年累積営業利益、時価総額の3つの指標を各々40%、40%、20%の割合で点数化したものに、定性的な評価を加えた最終的なランキングで400銘柄を選定	浮動株を調整した時価総額型指数で、構成銘柄の浮動株調整済み時価総額合計額を、「基準時価総額」で割って算出。ウエートが大きい銘柄については、構成銘柄全体に対する選定基準日時点でのウエートが1.5%になるように、キャップ調整を行なう	算出開始は2014年1月6日（2006年8月31日まで遡及算出）。2013年8月30日の値を10,000ポイントとして算出	14,584.09

名称	概要	組み入れ対象銘柄	銘柄入れ替え	算出方法	基準年など	現在値
日経平均リスクコントロール・インデックス	日経平均を対象に、日経平均よりも変動率を低く抑え、一定の水準内に収まるようにコントロールした指数	日経平均の値動きを対象にした指数	日経平均の銘柄入れ替えに準ずる	日経平均の1日の変化率とリスクコントロール係数を、前日の指数値に乗じて計算する。リスクコントロール係数は、日経平均ボラティリティ・インデックスをもとに計算される	算出開始は2011年6月6日。2001年12月28日の値を10,000とし、現在は1日1回終値ベースで算出・公表	19,000.34
日経平均レバレッジ・インデックス	日経平均株価の変動率の2倍の値動きになる指数	日経平均の値動きを対象にした指数	日経平均の銘柄入れ替えに準ずる	日経平均の1日の変化率を2倍したものを、前日の指数値に乗じて算出する	算出開始は2011年6月6日。2001年12月28日の値を10,000とし、現在は1日1回終値ベースで算出・公表	17,622.35
日経平均インバース・インデックス	日経平均株価の変動と逆の動きとなる指数	日経平均の値動きを対象にした指数	日経平均の銘柄入れ替えに準ずる	日経平均の1日の変化率の逆の変化率を、前日の指数値に乗じて算出	算出開始は2011年6月6日。2001年12月28日の値を10,000とする	5,703.99
日経平均ダブルインバース・インデックス	日経平均の変動と2倍の逆（マイナス2倍）の動きとなる指数	日経平均の値動きを対象にした指数	日経平均の銘柄入れ替えに準ずる	日経平均の1日の変化率の2倍の逆（マイナス2倍）の変化率を、前日の指数値に乗じて算出	公表開始は2014年6月16日。2001年12月28日の値を100,000とする	2,702.05
日経平均ドルヘッジ・インデックス	日経平均を対象にし、海外投資家が為替リスクを回避しつつ、ドル建てで日経平均に投資する際のベンチマークとなる指数	日経平均の値動きを対象にした指数	日経平均の銘柄入れ替えに準ずる	前月末の指数値に対して、①前月末からの日経平均の変化率、②前月末からの為替直物の変化率、③前月末からの為替ヘッジリータンをもとにした数を乗じて算出	算出開始は2014年12月8日。2004年9月30日の値を10,823.57として、翌営業日の午後2時に、1日1回終値ベースで算出・公表	23,200.93

名称	概要	組み入れ対象銘柄	銘柄入れ替え	算出方法	基準年など	現在値
日経平均・配当指数	日経平均の構成銘柄をある年の1月から12月まで保有した場合、受取配当金が確定するたびに日経平均の水準に調整した上で、積み上げげて算出	日経平均の構成銘柄で、配当権利落ち日が1月から12月31日の現金配当	日経平均の銘柄入れ替えに準ずる	日経平均構成銘柄の受取配当金を日経平均の算式に当てはめて算出する。各銘柄の配当金を「みなし額面」で換算し、配当権利落ち時点の「除数」で割った値を、積み上げる	算出開始は2010年4月9日（1998年の配当指数まで遡及算出）	278.64
JPX日経中小型株指数	中小型株に分類される企業に対して、JPX日経400と同じコンセプトを適用し、持続的な企業価値の向上、株主を意識した企業経営を行なっている企業で構成する株価指数	東京証券取引所（第1部、第2部、マザーズ、ジャスダック）を主たる市場とする銘柄から選定された200銘柄	毎年1回、「定期見直し」で8月末に構成銘柄を入れ替える。時価総額上位20%および100億円以下の銘柄、直近1年間の売買代金合計額が150億円以下の銘柄を除いたうえで、3年平均ROEと3年累積営業利益を各々70%、30%の割合で点数化したものに、定性的な評価を加えたランキングで200銘柄を選定	浮動株を調整した時価総額型指数で、構成銘柄の浮動株調整済み時価総額合計額を、「基準時価総額」で割って算出。ウエートが大きい銘柄については、構成銘柄全体に対する選定基準日時点でのウエートが1.5%になるように、キャップ調整を行なう	算出開始は2017年3月13日（2006年8月31日まで遡及算出）。2016年8月31日の値を10,000ポイントとして算出	13,862.03
日経平均トータルリターン・インデックス	日経平均の配当も加味した場合のパフォーマンスを示す	日経平均の組入銘柄が対象	日経平均の銘柄入れ替えに準ずる	配当込みの日次収益率をもとにした変化率を、前日の日経平均に乗じて算出	公表開始は2012年12月3日。1979年12月28日の値を6,569.47とし、現在は1日1回終値ベースで算出・公表	34,722.2
日経平均カバードコール・インデックス	日経平均を対象に、「カバードコール戦略」を行なった場合の収益をあらわす指数	日経平均の組入銘柄が対象	日経平均の銘柄入れ替えに準ずる	日経平均から対象となるコール・オプション価格を差し引いた値の1日の変化率を、前日の指数値に乗じて算出	算出開始は2011年6月6日。2001年12月28日の値を10,000とし、現在は1日1回終値ベースで算出・公表	18,852.1

名称	概要	組み入れ対象銘柄	銘柄入れ替え	算出方法	基準年など	現在値
日経中国関連株50	国内主要企業の中から、中国で積極的に事業展開を進めている50銘柄を選定し、浮動株を考慮した時価総額加重平均方式で算出	東証上場で、日経株価指数300の構成銘柄の中から選定	構成銘柄は年1回、10月末に見直す。銘柄は、①日経が発行する新聞での中国関連記事の掲載度合い、②有報に開示された中国関連事業の積極度を評点化、その得点が上昇（低下）した時価総額の大きい（小さい）銘柄を採用（除外）	日経JAPAN1000算出で用いられる「浮動株比率」で調整した時価総額加重平均の株価指数	算出開始は2010年12月13日。2005年1月4日を1,000として算出	1,720.02
日経アジア300指数	世界の成長センターであるアジア企業の株価動向を総合的に把握することを目的とする	中国、香港、台湾、韓国、インドネシア、マレーシア、フィリピン、シンガポール、タイ、ベトナム、インドの有力企業を対象に日本経済新聞社が選んだ約300社の有力上場企業群「Asia300」をベースにした浮動株時価総額型の株価指数	年1回、「Asia300」の定期見直しに基づき、定期入れ替えを実施	浮動株を調整した時価総額型指数で、構成銘柄の浮動株調整済み時価総額合計額を、「基準時価総額」で割って算出	算出開始は2016年12月1日（2005年12月1日まで遡及算出）。2015年12月1日の値を1,000ポイントとして算出	1,172.62

注：2018年10月31日時点
出所：日本経済新聞社よりみずほ証券エクイティ調査部作成

下には「新興株式市場など」との項目で、日経ジャスダック平均、東証マザーズ指数などのほか、一般には馴染みが低い日経平均ＶＩ（ボラティリティ・インデックス）と日経配当指数が掲載されています。

以前は日本株の情報だけだった株式欄は、アジア株に紙面が割かれるようになっており、日本経済新聞社が算出する日経アジア３００指数、同ＡＳＥＡＮ指数が、上海総合株価指数や香港ハンセン指数などと並んで掲載されています。紙面の中盤には「株式市場の投資指標」として日経平均などのバリュエーションが掲載された後、各種指数として、日経株価指数３００、日経５００種平均株価、日経ＪＡＰＡＮ１０００、日経平均高配当株50指数、日経平均トータルリターンなどが掲載されています。右側の「銘柄診断」の下には業種別日経平均（５００種）が掲載されており、業種別株価動向を見るには便利ですが、機関投資家からは東証33業種のほうが注目されています。

この紙面の下には株価指数先物・配当指数先物・ＶＩ先物の値段が掲載されており、日経平均の先物やオプションを取引する個人投資家も見ているでしょう。しかしその左隣の日経平均ストラテジー指数を見ている人は、株式市場関係者でもほとんどいないでしょう。株式市場に30年以上携わる私も、この本を書くために調べるまで、その存在すら知りませんでした。

なぜこんなに株価指数があるかといえば、新たな株価指数が定着し、金融商品取引の原資産として活発に取引されれば、日本経済新聞社にはデータ使用料が入るからでしょう。様々な株価指数の内容と特徴は、日本経済新聞社の「日経平均のプロフィル〜日経の指数公式サイト」で知ることができます。

◉日経平均の関連株価指数は幅広い

東証1部は2018年10月31日時点で2111銘柄が上場しているので、TOPIXの組入銘柄数は2110銘柄ということになります。日経平均の関連株価指数には50銘柄〜1000銘柄まで幅広い銘柄が組み入れられています。

組入銘柄数が最も少ない株価指数は、日経平均高配当株50指数と日経中国関連株50の50銘柄です。前者は日経平均構成銘柄のうち、配当利回りが高い50銘柄が組み入れられています。後者は日経平均の組入銘柄には限らず、中国で積極的に事業展開する50銘柄で構成しており、日経平均には入っていない村田製作所やユニ・チャームなども組み入れられています。この両株価指数の次に銘柄数が少ないのが、日経平均の225銘柄ということになります。

日経株価指数300は、TOPIXより少ない銘柄で市場の実勢を的確に表すことを目的に開発されました。計算方法は日経平均と異なり、時価総額加重平均方式です。2018年9月5日に日経平均の銘柄入れ替えと同時に、日経株価指数300の銘柄入れ替えも発表されて、日経平均には入っていないキーエンスが採用されて、日本車両製造が除外されましたが、同株価指数に注目する投資家が少なく連動するインデックス投信がないため、株式市場ではほとんど注目されませんでした。

2014年から政府の肝いりで、ROE重視のために導入されたJPX日経400インデックスは、株価指数の名のとおり400銘柄で構成されますが、算出開始以来、日経平均やTOPIXにアンダーパフォームしています。

日経500種平均株価は業種別株価指数算出のために、日経平均同様の方式で算出されます。日経平均銘柄はすべて、日経500種平均株価に採用されています。日経平均の定期銘柄入れ替えは10月初めですが、日経500種平均株価の入れ替えは4月初めであり、3月に入れ替え銘柄が発表されます。2018年3月の銘柄入れ替えでは9銘柄が入れ替えられて、いちごや日本郵政などが入った一方、阪和興業や十六銀行などが除外されました。

日経平均の関連株価指数で最も銘柄が多い日経JAPAN1000は、株式市場全体の動向に連動させることを目的に、浮動株を調整して時価総額加重平均で計算するので、TOPIX類似の株価指数だといえます。日経平均、日経株価指数300、JPX日経400インデックスの3株価指数のいずれにも採用されている銘柄は145銘柄です。

◉ROE引き上げのために導入されたJPX日経400インデックス

JPX日経400インデックスは株価指数に冠が付いているように、日本取引所グループ（JPX）と日本経済新聞社が共同算出する株価指数で、企業のROE意識を高めるために、安倍政権の肝いりで算出が始まりました。

日経平均は東証1部銘柄だけが組み入れ対象ですが、JPX日経400インデックスは東証1部だけでなく、東証2部、ジャスダック、マザーズの普通株式が組み入れ対象になります。2018年8月の銘柄入れ替え後に、東証1部以外で同指数に選ばれた銘柄は、東証2部の朝日インテック、ジャスダックのハーモニック・ドライブ・システムズとセリア、マザーズのミクシィの4銘柄のみです。

JPX日経400インデックスはTOPIX同様の時価総額加重平均方式で計算され、2013年8月30日を基準値1万ポイントとし、算出開始は2014年1月6日でした。

毎年8月に銘柄入れ替えが行なわれます。銘柄選定の定量基準は、①3年平均ROEの順位スコア、②3年累積営業利益の順位スコア、③6月末時点の時価総額の順位スコアがそれぞれ0・4、0・4、0・2で加重平均されます。ここで、3年平均ROEは直近3期分の当期純利益合計÷直近3期分の自己資本（期首期末平均）合計で計算されます。ROEが高いだけでなく、企業の営業利益や時価総額も大きくないと採用されません。独立社外取締役の選任、IFRS（国際会計基準）の採用、決算情報の英文開示などの定性スコアも考慮されます。

◉COLUMN

日経平均採用銘柄のコーポレートガバナンスは良いのか？

安倍政権発足以来、日本企業のコーポレートガバナンスへの意識を高めて、ROEを向上させて、株価を持続的に上昇させることは政策の重要な柱でした。

2014年に発表された「伊藤レポート」はROE8％の目標を掲げました。東証1部のROEは2013年3月期の5・5％から、2018年3月期に9・1％まで上昇したので、「伊藤レポート」の目標は超過達成されました。

ただし、このROEは自己資本加重平均方式なので、大企業の影響が大きく出ます。東証1部でもROEの中央値は8・5%で、東証1部の45%の企業で2018年3月期のROEが8%を下回っていました。また欧米主要企業のROEは普通に二桁なので、ROE8~9%で満足してはいけないでしょう。

一方、日経平均組入225社のROEの平均値は9・7%、中央値は9・4%なので、東証1部全体よりも高くなっています。ただし、ROEが銘柄選定基準に入っているJPX日経400インデックス組入企業のROEは平均値10・3%、中央値10・7%なので、

図表◉日経平均、JPX日経400インデックス、東証1部のコーポレートガバナンス比較

		日経平均	JPX400	TOPIX
社外取締役数（直近）	平均値	3.5	3.3	2.7
	中央値	3.0	3.0	2.0
社外取締役の取締役に占める比率（直近）	平均値	33.6	32.5	30.5
	中央値	33.3	30.4	28.6
ROE（FY2017, %）	平均値	9.7	10.5	9.1
	中央値	9.4	11.1	8.5
負債比率（FY2017, 除く金融, %）	平均値	157.0	145.4	138.3
	中央値	79.1	102.2	116.4
OPM（FY2017, 除く金融, %）	平均値	8.0	8.5	7.3
	中央値	8.1	9.5	6.2

注：日本郵政を金融業として扱う。ROE=純利益/期末自己資本。データは2018年9月末時点。OPM（Operating Profit Margin）は営業利益率（営業利益÷売上）で、企業の収益性や価格支配力の強さを示す指標として外国人投資家の注目度が高い

出所：QUICK Astra Manager、日経、東洋経済よりみずほ証券エクイティ調査部作成

日経平均組入企業より高くなっています。

2013年に導入された「コーポレートガバナンス・コード」は最低2人の独立社外取締役を求めました。国際的な事業を行なっている大企業は、取締役の3分の1以上を独立社外取締役にすることが望ましいとしました。

社外取締役数も東証1部の平均値2・7人、中央値が2・0人に対して、日経平均組入225社の平均値は3・5人、中央値は3・0人と多くなっています。日経平均組入225社の取締役数合計に占める社外取締役の比率は平均値で33・6%、中央値で33・3%とともに3分の1に達しており、コーポレートガバナンス・コードが求めた国際企業の3分の1基準を満たしています。

このように、日経平均組入企業のコーポレートガバナンスをROEや社外取締役数などの外形基準で見ると、東証1部全体よりも優れています。

◉GPIFが採用したESG指数

政府が日本企業全体のROE底上げを狙っているように、運用資産約160兆円をもつ世界最大の公的年金であるGPIFは、ユニバーサル・オーナーで、パッシブ運用比率が高いため、日本企業全体の経営改善を求めています。企業のESG意識を高めるために、GPIFは2017年7月にESGパッシブ運用を始めたと発表しました。

GPIFの株価指数別の運用残高は年に1回しか公表されませんが、2017年度末時点で「MSCIジャパンESGセレクト・リーダーズ指数」が6229億円、「MSCI日本株女性活躍指数」が3884億円、「FTSE Blossom Japan 指数」が5266億円で、これらESGパッシブ運用の合計額は1・5兆円でした。

しかし、GPIFが2018年8月に初めて発表した「ESG活動報告」によると、GPIFが採用した3つのESG指数はいずれも2017年度に日経平均とTOPIXをアンダーパフォームしました。GPIFはアンダーパフォームの理由について、ESG評価のタイミングの遅さの問題などを挙げて、改善の余地があると指摘しました。いずれのESG指数も公表データをベースに企業評価を行なっているため、MSCI指数では企業のCSR（Corporate Social Responsibility）レポートの発行後1年近く経ってからESG評価に反映されることがあります。FTSEでは8〜11月に公表されることが多いアニュアルレポートやCSRレポート等が、翌年6月のESG評価に反映されます。

ESG投資の歴史が長い海外でも、ESG指数が一般的な株価指数にアウトパフォームするかどうかはアカデミックな調査でも結論が出ていません。ただ、ESG投資は1年ではなく、長期でパフォーマンスを見るべきという点では論点が一致しています。GPIFはESG活動報告で「ESG要素を考慮することで期待される投資効果は、投資期間が長期にわたるほど、リスク調整後のリターンを改善する効果が期待される」と弁明しました。GPIFによるESG投資の増加や、世界的な異常気象を背景とする環境意識の高まりなどを背景に、ESG投資が増加しています。

GSIA（Global Sustainable Investment Alliance）によると、世界のSRI（Social Responsibility Investment）の資産は2016年に22・9兆ドルと、2年前比で25％増えました。うち欧州が53％、米国が38％を占め、日本は2％に過ぎませんでしたが、日本の伸び率は高くなりました。運用資産に占めるSRIの比率は欧州で53％、米国で22％に達した一方、日本は3％に留まりました。

運用手法別では特定の産業または企業を運用対象から除くネガティブ・エクスクルージョンのスクリーニングが15兆ドルと最大でした。次いで、通常の運用過程でSRIやESGを考慮するESGインテグレーションが10兆ドル、3位が企業とのエンゲージメント・株主アクションが8兆ドルでした（複数の戦略を同時に使う場合があるため、運用資産合計よりも多くなります）。

ネガティブ・エクスクルージョンのスクリーニングではたばこ、クラスター爆弾の製造にかかわったり、環境に悪影響を与えたりするビジネスを行なう企業などを除きます。日本では旧来産業が多い経団連への配慮もあって、ネガティブ・エクスクルージョンのスクリーニングは流行っていませんが、大手銀行が石炭火力への融資を控えると報じられました。

日本株を約7兆円保有するノルウェーの公的年金のNorges Bankは投資対象から外す日本企業として、JT、中国電力、北陸電力、四国電力、北海道電力、沖縄電力、電源開発を公表しています。JTは経営のグローバル化や高配当利回りがアナリストから高評価を得ていますが、株価がずっと不振なのは、ESGを重視する投資家から敬遠されているためとの見方があります。

「ネガティブ・エクスクルージョンの対象として、石油会社も除外すべき」との意見もありますが、石油会社は時価総額が大きいため、投資対象から除くと、トラッキングエラーが大きくなるので、むずかしい面があるようです。ESG説明会を開催する大企業が増えていますが、率先してESG説明会を開催した味の素の株価が不振である一方、遅れて同説明会を開催したソニーの株価が強いのはESGファクターだけでなく、業績見通しの違いの反映でしょう。ESGファクターがどれほど株価に影響するかは、容易に結論がでない問題です。

◉TOPIXニューインデックスシリーズ

TOPIXにも様々な関連株価指数があります。TOPIXの算出開始は1968年ですが、東京証券取引所は1998年4月より、ニューインデックスシリーズを発表しています。東証1部に上場する全銘柄を時価総額と流動性（売買代金）の観点から、TOPIXコア30、TOPIXラージ70、TOPIXミッド400、TOPIXスモール、TOPIX100、TOPIX500、TOPIX1000の7種類の株価指数に分類しています。

TOPIXコア30はTOPIXのうち時価総額と流動性が最も高い30銘柄、TOPIXラージ70はその次に時価総額と流動性が高い70銘柄、TOPIXミッド400はその次の400銘柄です。TOPIXスモールは東証1部の全銘柄から、これら3指数の銘柄で構成されるTOPIX500を除いた指数です。TOPIX100はTOPIXコア30とTOPIXラージ70の合計であり、TOPIX1000は時価総額と流動性が高い1000銘柄で構成されます。TOPIX1000は2002年9月12日を1000とする一方、他のニューインデックスは1998年4月1日を1000とします。

また別の分類で、大型株指数はTOPIX100、中小型株指数はTOPIXミッド4

00、小型株指数はTOPIXスモールを意味します。

TOPIXコア30には3本の連動するETFが発行されています。毎年10月初めに定期銘柄入れ替えが発表され、10月末に入れ替えが実施されます。日経平均より銘柄入れ替え基準が明確なので、入れ替えの予想は容易です。2018年10月5日の発表で、みずほ証券はTOPIXコア30にリクルートホールディングスと花王が昇格する一方、日産自動車とデンソーが降格、TOPIX100にはテルモとシスメックスが昇格する一方、大阪ガスと楽天が降格すると予想していましたが、いずれも当たりました。

TOPIXコア30には日経平均には採用されていないキーエンスや村田製作所などが入っています。また、TOPIXコア30は出戻りもあります。花王は2012年に採用された後、2013年に除外され、2018年に復帰しました。

ただし、TOPIXニューインデックスシリーズの銘柄入れ替えは、連動資金が多い日経平均やJPX日経400インデックスほどは注目されていません。

◉日経ジャスダック平均

日経平均は東証1部の225銘柄を対象にしていますが、日経ジャスダック平均はジャスダックに上場する全銘柄（日銀、ＲＥＩＴ、整理銘柄を除く）を対象に算出される平均株価です。日経ジャスダック平均の計算方法は日経平均と同じで、みなし額面と除数を使って計算されます。ジャスダック上場の全銘柄が計算対象になりますが、２０１８年10月31日時点では７２８銘柄でした。これらの時価総額合計は約10兆円と、東証１部の65分の１に過ぎません。日経ジャスダック平均の算出開始は１９８３年11月11日、公表開始は１９８５年４月１日です。新興企業向け市場であるジャスダックは、１９６３年に日本証券業協会が創設した店頭登録制度が源流です。２０１３年７月16日東京証券取引所と大阪証券取引所の現物市場統合以前、日経ジャスダック平均は大阪証券取引所ジャスダック市場に上場する全銘柄を対象に算出していました。

ジャスダックで時価総額が最大なのは日本マクドナルドホールディングスで、２位はハーモニック・ドライブ・システムズ、３位はユニバーサルエンターテインメントです。

◉業種別日経平均

機関投資家や証券会社のアナリストは業種別日経平均より、東証33業種を使うことが多くなっていますが、日経朝刊は業種別日経平均を掲載しています。東証33業種の株価指数がＴＯＰＩＸと同じ時価総額加重平均で計算される一方、業種別日経平均は日経平均と同様の方式で計算されます。業種別日経平均は日経５００種平均株価の算出の一部です。日経５００種平均株価は指数名が示唆するように、東証１部５００銘柄を対象にしています。算出開始は１９７２年１月４日（指数値は２３３・７）、公表開始は１９８２年１月４日です。

日経平均の２２５銘柄に対して、日経５００種平均株価は、①対象銘柄数を５００に拡大し、より広く市場実勢を反映させる、②対象銘柄は固定せずに、毎年全面的に見直す、③業種別指数を同時に算出するという特徴があります。

東証33業種は東証１部の２１１０銘柄すべてを対象にしているのに対して、業種別日経平均は日経５００種平均株価を対象にしているので、５００銘柄を業種分類したものです。東証33業種に対して、業種別日経平均は36業種です。

東証33業種の電力ガスが業種別日経平均では電力とガスに分かれ、陸運も鉄道・バスとそれ以外の陸運に分かれ、輸送機も自動車と自動車以外の輸送機に分かれます。東証33業種にある金属製品が業種別日経平均にない一方、東証33業種にない造船という分類が業種別日経平均にはあります。そのため、川崎重工業は東証33業種では輸送機ですが、業種別日経平均では造船になります。また、ＬＩＸＩＬグループは東証33業種だと金属製品ですが、その分類がない業種別日経平均では非鉄金属に分類されます。

業種別日経平均で、自動車を除く輸送機は新明和工業、トピー工業、シマノの3銘柄しかないので、株価指数としての意味合いは低いでしょう。自動車を除く輸送機から日経平均採用銘柄は1社もありません。

東証33業種と業種別日経平均で分類が異なる銘柄もあります。たとえば、すかいらーくホールディングスは東証33業種では小売業ですが、業種別日経平均ではサービスに分類されます。ヤフーは東証33業種だと情報通信ですが、業種別日経平均ではサービスです。一方、楽天はヤフーと類似の事業を行なっていますが、東証33業種、業種別日経平均ともに分類はサービスです。東証でその他製品に分類される任天堂は、日経平均には採用されませんでしたが、日経500種平均株価にはサービスとして入っています。

なお、東証には38本の業種別株価指数のETFが上場していますが、いずれも東証33業種に連動した株価指数であり、業種別日経平均に連動したETFは1つもありません。

◉日経平均ボラティリティ・インデックス

日経平均VI（ボラティリティ・インデックス）は、大阪証券取引所に上場している日経平均先物と日経平均オプションの価格から算出されます。2010年11月に公表が始まり（198

9年6月まで遡って算出されています)、２０１２年12月からは日経平均ボラティリティ・インデックスの先物取引が始まりました。日経平均ＶＩが高いほど投資家は今後相場が大きく変動すると見込んでいることを意味し、実際に市場が不安定になると日経平均ＶＩが高くなります。

平時にはおおむね15~30の範囲で推移しており、30や40といった節目に注目する市場関係者が多くなっています。２０１１年３月11日の東日本大震災後に日経平均ＶＩは70近くまで急上昇しました。２０１５年夏の中国人民元の切り下げ後に47まで上昇したほか、２０１６年６月に英国のＥＵからの離脱方針が決まった翌日も40を超えました。２０１８年２月

図表1-11 ◉ 日経平均VIとシカゴVIX指数の推移

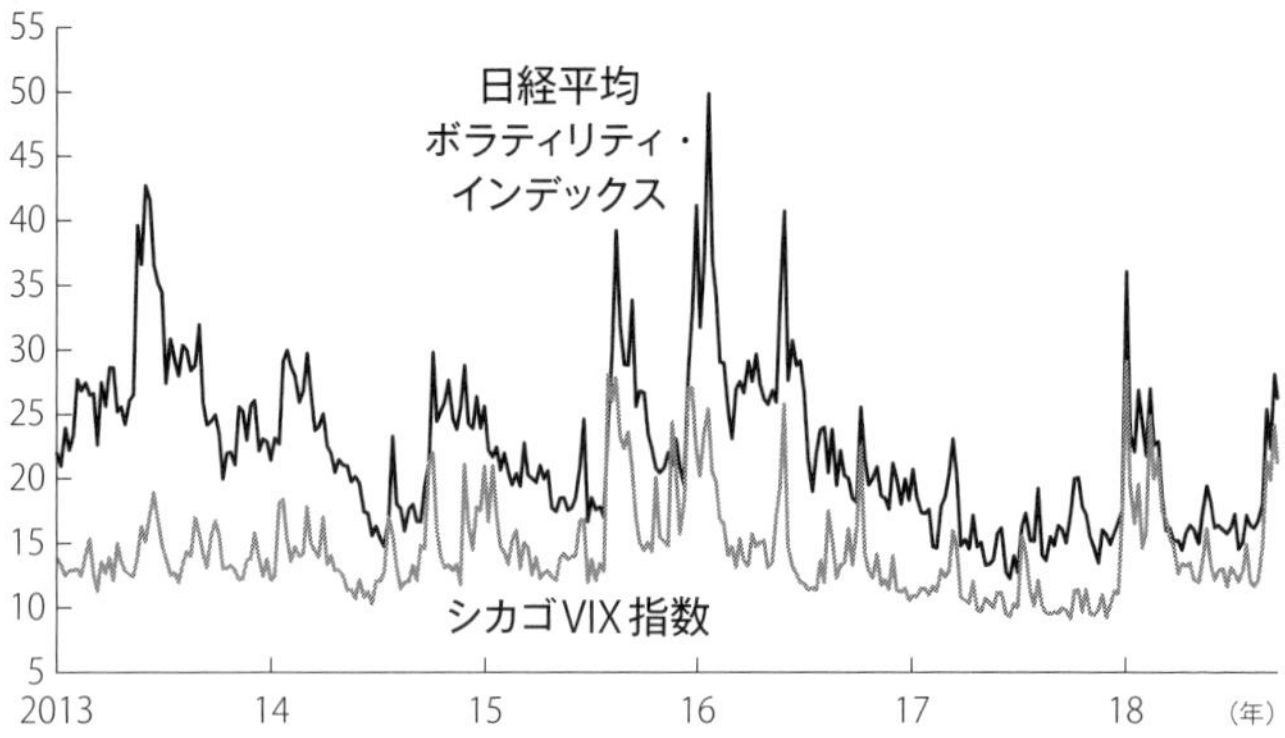

注　：2018年10月31日時点
出所：ブルームバーグよりみずほ証券エクイティ調査部作成

以降日経平均のＶＩは15前後で低位に安定していたため、コール・オプションを売るセル・ボラティリティ戦略を取っていた投資家が、コール・オプションを買い戻すか、先物を買ったことが、9月半ばの日経平均の急上昇に拍車をかけたといわれました。

世界的には日経平均ＶＩより、米国のＶＩＸ指数のほうが有名で、日経平均ＶＩより、米国のＶＩＸ指数を注目する日本株関係者が多くなっています。

ＶＩＸ指数は日本語で恐怖指数とも呼ばれ、ＣＢＯＥ（シカゴオプション取引所）で取引されるＳ＆Ｐ５００のオプション取引から計算されるボラティリティ指数です。ＣＢＯＥの先物取引所はＶＩＸの先物を上場しています。日経平均ＶＩと同様に、将来のＳ＆Ｐ５００のボラティリティが上昇するかどうかを予想して取引します。

三菱ＵＦＪ国際投信は、公募投信として「ＶＩＸ短期先物指数」を販売しています。Ｓ＆Ｐ５００のＶＩＸ短期先物指数は、ＣＢＯＥ先物取引所に上場しているＶＩＸ指数先物の第1限月と第2限月をロールオーバーした場合のリターンを指数化したものです。この投信の２０１８年10月末の純資産は１３１億円でしたが、ボラティリティが低下傾向にあったため、設定来の騰落率は大きなマイナスになりました。

◉日経平均ストラテジー指数

日経朝刊は日経平均ストラテジー指数として、レバレッジ、インバース、ダブルインバース、カバードコール、リスクコントロール指数を発表しています。日経平均は長期間ボックス圏で推移するときがありますが、値動きをもっと取りたい個人投資家のための株価指数だといえます。

日経平均レバレッジ指数は、日経平均の2倍の変動率、日経平均インバース指数は、日経平均とは逆の変動率、日経平均ダブルインバース指数は、日経平均とは2倍の逆（マイナス2倍）の変動率で、それぞれの指数が動くよう設計されています。日経平均ダブルインバース指数は2001年末が10万で、他の4指数は同1万です。

2001年末の日経平均は1万542円であり、その後日経平均は2倍以上に上昇したため、これらの日経平均ストラテジー指数のうち、日経平均インバース指数は5分の1以下、日経平均ダブルインバース指数は約70分の1に下落しました。

日経平均カバードコール指数は、日経平均を購入すると同時に、日経平均を対象にしたコール・オプションを売る戦略であり、2011年6月6日から算出・公表されています。

日経平均が想定していた以上に上昇した場合に収益が限定される一方、下落したときにはオプション料収入がある分だけ、損失額が減少します。日経平均が膠着状態にあるときに、少しでも運用成績を高めたいという投資家のニーズに対応した指数です。

日経平均リスクコントロール指数は、日経平均の値動きよりも変動率を低く抑え、一定の範囲内に収まるようコントロールする投資戦略をモデル化した指数です。前日の指数値に対して、日経平均の変化率にリスクコントロール係数を乗じて算出されます。ターゲットとなるボラティリティは日経平均ボラティリティ・インデックス（ＶＩ）が用いられます。日

図表1-12 ◉ 日経平均レバレッジ指数、日経平均インバース指数、日経平均ダブルインバース指数の動き

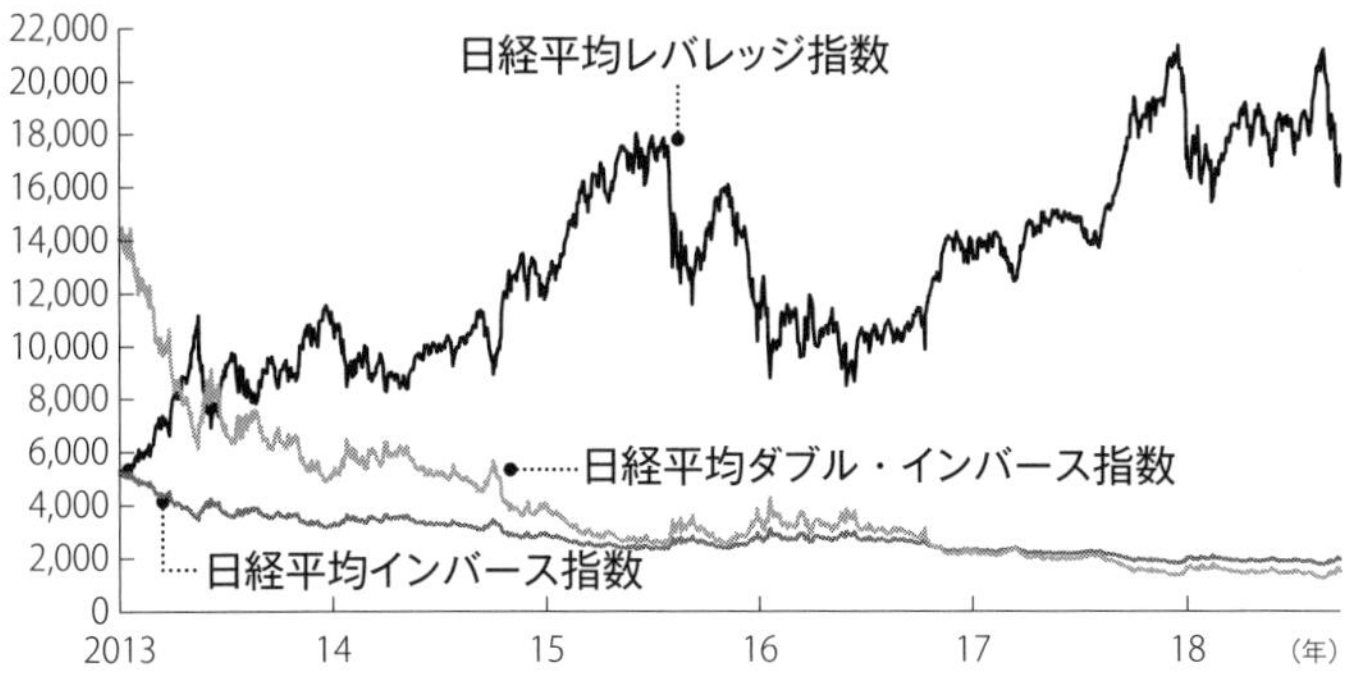

注　：2018年10月31日時点
出所：QUICK Astra Managerよりみずほ証券エクイティ調査部作成

経平均VIが15%を超えると、リスクコントロール係数を1以下に小さくすることで、指数の変動率を日経平均の変動率に比べて低下させる効果が得られます。

ただ、個人投資家は日経平均よりむしろ値動きが大きいものを好む一方、リスクを抑えたい機関投資家は自らのヘッジ戦略を構築することができるので、日経平均カバードコール指数や日経平均リスクコントロール指数を使っているという話はあまり聞いたことがありません。

◉日経平均の配当関連の株価指数

日経平均トータルリターン・インデックスは、配当込みTOPIXのように、配当を加味した日経平均株価の値動きを示す指数で、日経平均株価の構成銘柄から得られる配当を、配当落ち日に再投資した場合のパフォーマンスを指数化したものです（通常、配当落ち日時点に配当は確定していないので、配当は予想配当を用い、実際に支払われる配当と差額があれば確定日の翌営業日に差分を調整します）。

日本経済新聞社は2018年3月28日に、「日経平均トータルリターン・インデックスの算出に用いる予想配当落ち額は158・35円。日経平均の構成銘柄のうち189銘柄がこの日に配当落ち日を迎え、各銘柄の予想1株配当を指数の計算式に合わせて集計した。日経平均トータルリターンが取得できる1979年末以降で配当落ち額は過去最高となる」と発表しました。

一方、日経平均・配当指数（日経配当指数）は、日経平均構成銘柄をある年の1〜12月までに日経平均の計算式に合わせて保有したと想定した場合に、受け取ることができる配当金を、配当が確定した時点で日経平均の水準に調整したうえで、積み上げて指数化したものです。

日経平均高配当株50指数は、日経平均構成銘柄のうち配当利回りの高い50銘柄から構成される配当利回りウエート方式の株価指数です。毎年6月末に構成銘柄の定期見直しが実施されますが、2018年6月には日本郵政の追加と、日本製紙の除外が発表されました。2018年9月21日時点で、日経平均高配当株50指数の配当利回りは3・7％と、日経平均の1・9％の約2倍でした。配当利回りが高い商社、銀行、輸送機の比重が高くなっています。なお、2018年9月5日に日経平均の銘柄入れ替えで除外された古河機械金属は、日経平均高配当株50指数から自動的に除外されましたが、日本経済新聞社は銘柄をすぐには補充せず、2019年の定期入れ替え時に50銘柄に戻すと発表しました。

◉日経のアジア関連株価指数

日本経済新聞社はアジア関連の状況提供を強化しており、株式欄でも日本株の比重が下がり、アジア株に割かれる紙面が大きくなりました。

日経中国関連株50は、中国で積極的に事業展開を進める国内主要上場企業50銘柄から構成される浮動株を考慮した時価総額ベースの株価指数です。基準日は2005年1月4日が1000とされました。日経株価指数300の採用銘柄を対象に、過去2年間の中国関連記事の出現件数や出現率、直近の有価証券報告書での中国関連事業関与度やその開示状況の評点などに基づいて、高得点で時価総額の大きい銘柄が選定され、毎年10月末に構成銘柄が定期的に見直されます。日本企業はアジア売上比率を開示している銘柄は多い一方、中国売上を開示している企業が少ないので、中国関連の記事に依存するのは仕方ない面があるでしょう。

日経中国関連株50には大手商社が5社、総合化学が5社、鉄鋼が3社入るなど、業種に偏りがある株価指数です。入れ替えの理由は開示されていませんが、2017年10月の銘柄入れ替えでは、アサヒグループホールディングスとブリヂストンが除外されて、オークマとピジョンが採用されました。

日経中国関連株50は銘柄構成が悪かったのか、算出開始以来、日経平均をアンダーパフォームしています。外国人投資家のあいだではMSCIやFTSEのアジア株指数がアジアの主要株価になっていますが、2015年にFinancial Timesを買収して海外事業を強化した日本経済新聞社は、日本株を除くアジア株指数である日経アジア300指数も策定し、日経朝刊に掲載しています。

この株価指数は中国、香港、台湾、韓国、インドネシア、マレーシア、フィリピン、シンガポール、タイ、ベトナム、インドの11カ国・地域の有力企業を対象に日本経済新聞社が選んだ約300社の有力上場企業群「Asia300」をベースにした浮動株時価総額型の株価指数です。日本経済新聞社は「Asia300」を世界的にアピールしたいようであり、2018年11月6日の「Financial Times」に、全面広告を出しました。

◉COLUMN

「みずほ中国関連株25」を計算

みずほ証券では正式な株価指数ではありませんが、「みずほ中国関連株25」という指数を策定しています。①中国市場に長期的にコミットしている、②収益の10%以上が中国から出ていると推計される、③事業の方向性が中国政府の政策の方向性（環境保護、消費促進、生産性向上など）と合致していることを銘柄選定基準として、基準年を１００として単純平均しています。私は年に２回中国の日系企業の取材に出張しますが、その際に新たに中国事業が良い企

「みずほ中国関連株25」、日経中国関連株50指数、日経平均

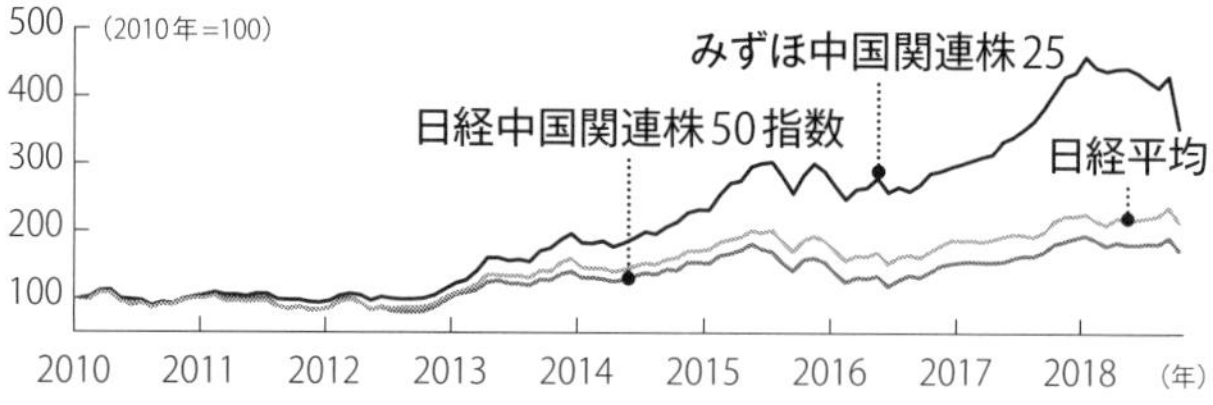

注　：「みずほ中国関連株25」は、ヤクルト本社、ジンス、東レ、大王製紙、イオンファンタジー、花王、TOTO、ナブテスコ、SMC、クボタ、ダイキン工業、ダイフク、安川電機、オムロン、堀場製作所、シスメックス、良品計画 、サイゼリア、シークス、島津製作所、スター精密、ヤマハ、ピジョン、伊藤忠商事、ファーストリテイリングの単純平均、2018年10月31日時点

出所：ブルームバーグよりみずほ証券エクイティ調査部作成

業があれば、この株価指数を入れ替えることにしています。この観点でこの株価指数は現地取材に基づく株価指数といえます。

たとえば、２０１８年３月の中国出張の際には、日産自動車とユニ・チャームを除外して、大王製紙とヤマハを入れました。中国は自動車販売台数にピークアウトの傾向が出ているうえ、日系自動車メーカーは中国での電気自動車の展開が遅れています。一方、ヤマハは中国で楽器事業が好調です。大王製紙の南通工場を見せていただき、中国の高級ベビーおむつ市場での事業展開が有望だと思いました。ダイフクは２０１８年に入って株価が急落しましたが、中国のネット販売や空港建設の増加から、中長期的に恩恵を受けるとみて、組み入れを継続しています。「みずほ中国関連株25」は、日経平均や日経中国関連株50をアウトパフォームしています。ただし、みずほ中国関連株25の銘柄は主観的に選んだものであるうえ、その入れ替えも不定期なので、株価指数の基準を満たさないでしょう。

第2章

新年恒例の「日経平均の予想」はどうつくられ、どのぐらい当たるのか？

HOW SIGNIFICANT ARE
STOCK INDICES FOR INVESTORS?

コンセンサス予想はこうしてつくられる

●日経平均の予想方法

日経平均の水準を予想しようと思えば、株価＝ＥＰＳ×ＰＥＲなので、ＥＰＳを予想し、適正ＰＥＲを考える必要があります。

ＥＰＳを予想する方法は株価指数の構成銘柄のすべてのＥＰＳを個別に予想するボトムアップ法と、ＥＰＳをマクロ経済変数で回帰分析するトップダウン法があります。

みずほ証券では、東証1部銘柄についてアナリストがカバーする約５００銘柄は独自予想のＥＰＳで、カバーしていない銘柄はＩＦＩＳコンセンサス予想（アイフィスジャパンが主要証券会社アナリストの最新業績予想を集計し、独自のポリシーに基づき算出したアナリスト予想の平均値）や東洋経済予想を使ったボトムアップ予想と、東証1部の業績を予想名目GDP、為替、鉱工業生産、企業物価、賃金上昇率等で回帰分析して計算したトップダウン予想を行なっています。日経平均は225銘柄しかないため、日本全体のマクロ経済指標で回帰分析するのは適切でないと考えられるからです。

東証1部全体、すなわちTOPIXの予想PERは東証1部の時価総額をすべて足し合わせて、同じく全銘柄の予想純利益を合計した値で割れば計算できます。2018年10月31日時点でTOPIXの2018年度予想PERは約14倍ですが、誰の予想利益を使うかで多少値が異なります。一方、PERは予想がむずかしいとして、市場変動によるリスクプレミアムの変化を理由に適正株価を変更するアナリストが多くいます。企業業績には業界動向や景気によるトレンドもあり、長期的な方向性の予想はむずかしくありませんが、PERは市場心理などを反映して大きくぶれるため、予想は大変だといえます。

◉指数ベースと時価総額加重平均方式で異なる日経平均のバリュエーション

日経平均の予想EPSを計算する際には、225銘柄の予想EPSに日経平均を計算する時と同じく、50÷みなし額面を乗じて、合計して除数で割って、日経平均の予想EPS

を計算します。２０１８年10月31日時点の日経平均の予想ＥＰＳは１３００円なので、これで日経平均を割ると予想ＰＥＲは約17倍と、ＴＯＰＩＸより高めということになります。２０１８年度中間決算は、中国経済の減速や貿易摩擦の影響が出て予想外に業績が不振で、業績予想が下方修正されました。

日経新聞は朝刊に、日経平均、ＴＯＰＩＸ、ＪＰＸ日経４００インデックス、東証２部、ジャスダックの各株価指標の予想ＰＥＲ、ＰＢＲ、配当利回りを掲載しています。日経平均は価格平均指数であるため、株価指数の主旨からすれば指数ベースでＰＥＲを計算すべきでしょうが、日経新聞朝刊に掲載されているのは、

図表2-1 ◉ 日経平均とTOPIXの予想PERの推移

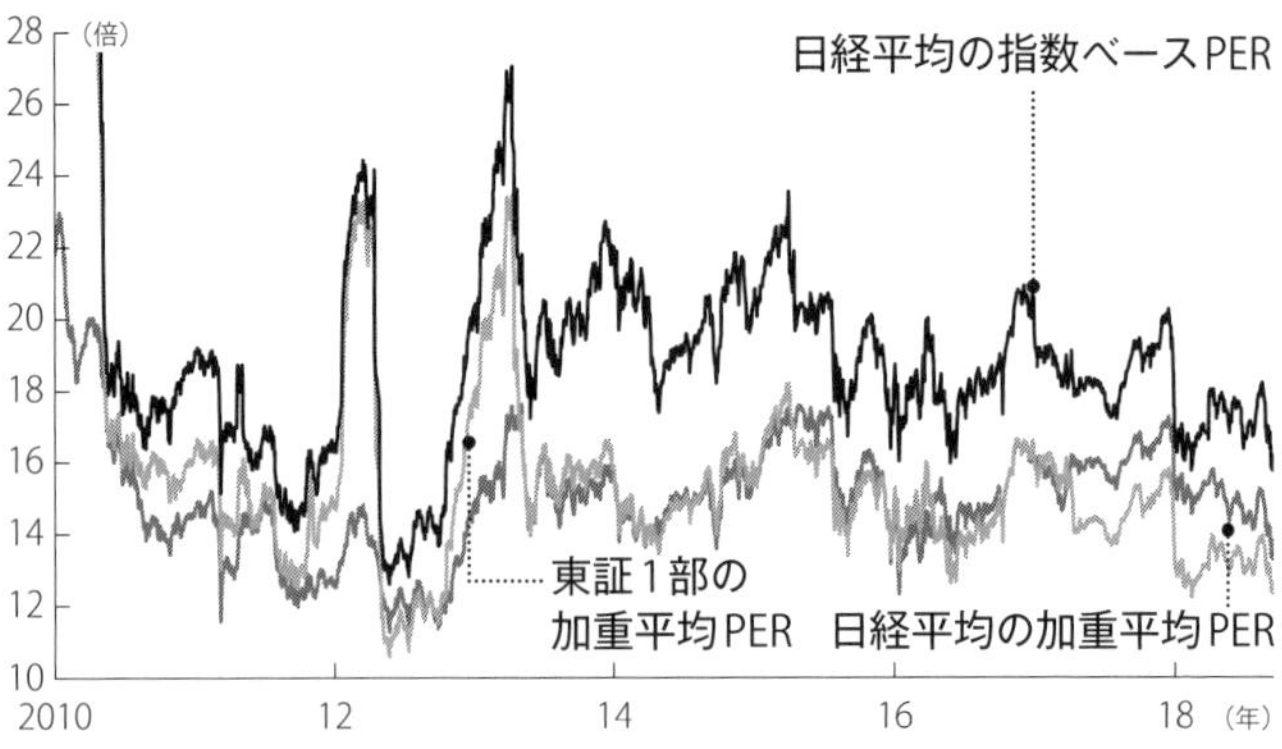

注　：東証1部の予想PERはフォワード12カ月予想、2018年10月31日時点
出所：日本経済新聞、東洋経済よりみずほ証券エクイティ調査部作成

ＴＯＰＩＸと同様の時価総額加重平均方式であるのはミスリーディングです。そのためか、日本経済新聞社のＷＥＢには指数ベースと、時価総額加重平均の両方式によるＰＥＲとＰＢＲが毎日掲載されています。

２０１８年10月31日時点のＰＥＲは指数ベースが約17倍と東証１部より高かった一方、時価総額加重平均方式では約13倍と低くなっていました。

日経平均を時価総額加重平均方式の予想ＰＥＲで単純に割ることで、日経平均の予想ＥＰＳは１７２０円などと言う人もいますが、それは本末転倒でしょう。日経平均の予想ＥＰＳを計算するのであれば、前述のように構成銘柄の積み上げベースであるべきです。

●市場関係者の日経平均の予想は楽観的な傾向

年初の日経や日経ヴェリタスは、経営者や市場関係者の日経平均予想や有望業種・銘柄に関するアンケート調査を掲載し、多くの人に注目されています。以下では、少し意地悪ですが、過去16年間の年初のコンセンサス予想が当たっているのか検証してみます。

なお、市場関係者の予想だけを集計している場合と、経営者を含む予想を集計している場合があり、毎年のサンプル数にはばらつきがあります。

日経新聞がアンケートを取るのは12月中下旬なので、アベノミクスが始まった2012年のように、年末にかけて急騰すると、足元の日経平均が反映されない予想になることもあります。一方、日経平均の前年の上昇率と翌年の市場関係者の予想上昇率には明確な相関がないようです。

また、市場関係者のコンセンサス予想で、日経平均の高値時期は毎年12月である一方、安値時期は1～2月に集中しています。2012年12月の第2次安倍内閣誕生以降は、2018年も含めた6年間のうち5年間で日経平均は12月高値だったので（2018年はまだわかりませんが）、12月高値予想は当たりやすいコンセンサス予想といえます。一方、日経平均の高値予想水準は過去15年のうち、12回で未達に終わっているので、市場のコンセンサス高値予想は楽観的過ぎたといえます。

その理由を考えると、2012年12月に安倍政権が誕生するまで、日経平均は長期下落傾向が続いたため、市場関係者には日経平均は割安であり、回復してほしいという思いがあったのかもしれません。

日経平均が上がるほうがハッピーになる人が多いので、証券会社や運用会社は楽観的な見通しを出す傾向があります。運用会社では、年金向けには経済予想に見合ったリーズナブルな予想を出す一方、投信販売用に個人投資家向けには楽観的な見通しを出す場合もあります。

過去15年間の日経平均の年間変化率が単純平均で9・3％であるのに対して、前年末に対する日経平均高値の予想変化率は17％なので、実際の変化率の約2倍の上昇を市場関係者は見込んでいたことになります。日経平均をピンポイントで当てるのはむずかしいので、予想高値と実際の高値と差が1000円以内だった場合に正解だとすると、過去15年のうち9年で1000円以内に入っていたので、コンセンサス予想が大外しともいえません。

逆にいうと、日経平均の年間変化率が10％前後の年は、コンセンサス予想が当たり安い一方、突発事項で大幅な変化が起きると、予想が大きく外れます。小泉郵政解散があった2005年、アベノミクスが始まった2013年で、日経平均は史上予想以上に大幅に上がった一方、リーマンショックが起きた2008年、Brexitが起きた2016年は市場の高値予想が大幅未達になりました。

過去のコンセンサス予想を振り返ってみる

◉年初には日経平均3万円説もあった2018年だが……

２０１８年1月7日付の日経ヴェリタスは、市場関係者73人の２０１８年の市場の見方に対するアンケート調査を発表しました。２０１８年の日経平均の高値予想の平均値は約2万５５００円、中央値と最頻値は2万５０００円、高値予想時期は最頻値が12月、中央値が10月でした。日経平均の高値予想は11％の市場関係者が2万７０００円以上と答えた一方、２万４０００円以下という予想も14％ありました。日経平均の安値予想は平均値、中央値、最頻値ともに2万１０００円近くでした。安値時期の最頻値は2月、中央値は5月でした。

マネックス証券は２０１７年10月27日に「日経平均３万円への上昇見通し」を発表し、大々的なキャンペーンを始めました。松本大社長は当初日経平均の３万円到達時期を２０１９年３月末と予想していましたが、２月の株安を受けて、３月に２０１９年12月末に変更しました。

年初に市場関係者が強気だった業種は電機、機械、銀行、情報・通信の順でしたが、機械株は１月ピークが多くなり、銀行株は年間を通じて不振でした。まだ２０１８年は終わっていませんが、10月３日に日経平均は２万４２７０円と約27年ぶりの高値をつけたため、コンセンサス予想は大きな間違いでなかったといえますが、その後急落しました。

図表2-2 ◉ 2018年の日経平均のコンセンサス予想の高値・安値と実際の動き

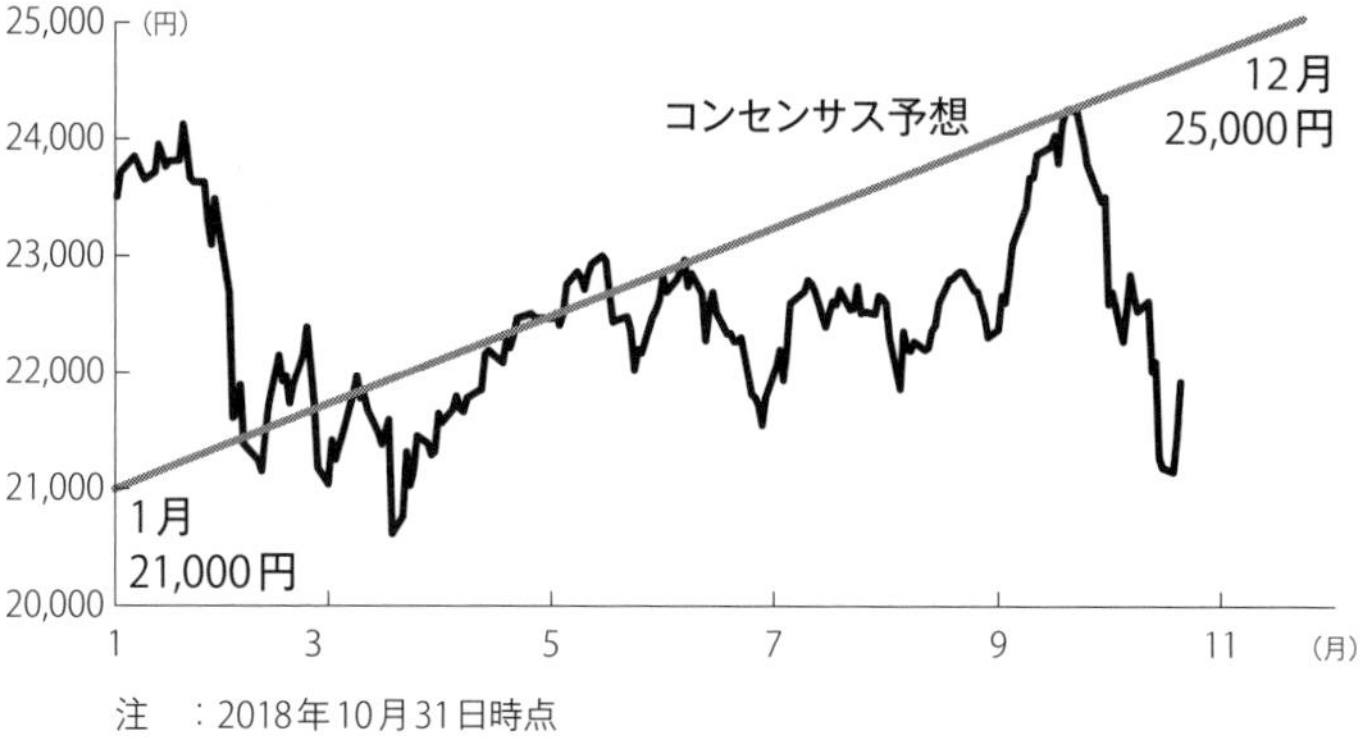

注　：2018年10月31日時点
出所：ブルームバーグ、日本経済新聞よりみずほ証券エクイティ調査部作成

◉コンセンサス予想より上昇率が高かった2017年

2017年初めには、12月に日経平均が2万1000円に上昇するという予想が多くありました（予想の最頻値）が、2番目に多い予想は2万2000円でした。2017年12月に日経平均は23000円近くまで上昇したので、コンセンサス予想より高めでしたが、コンセンサス予想が大きく間違ったとはいえませんでした。安値予想は2月、5月、10月に1万7000〜1万8000円が多かったものの、実際の日経平均の安値は4月の1万8335円でした。

図表2-3◉2017年の日経平均のコンセンサス予想の高値・安値と実際の動き

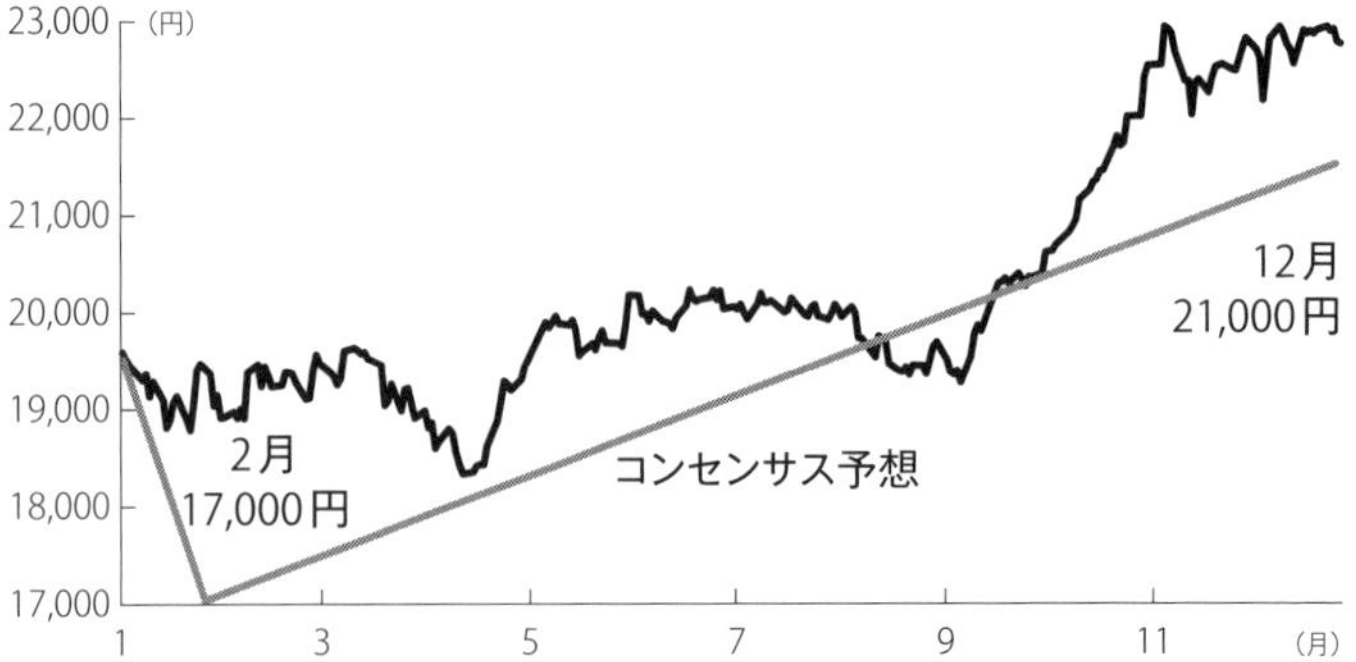

出所：ブルームバーグ、日本経済新聞よりみずほ証券エクイティ調査部作成

業種物色について、市場関係者は銀行、機械、輸送機、情報・通信、電機、サービスの順に強気でした。2017年に銀行や輸送機は大きくアンダーパフォームしたので、業種見通しは間違えたといえましょう。市場関係者が年初に挙げた有望銘柄は任天堂、ソフトバンクグループ、ソニー、三菱UFJファイナンシャル・グループでしたが、三菱UFJファイナンシャル・グループ以外は正解でした。

◉Brexitで強気のコンセンサス予想が大きく外れた2016年

2015年末の日経平均が1万9034円だったこともあり、2016年のコンセンサス予想は1月の1万8000円が安値となり、12月に2万2000円に上昇するとの予想でしたが、実際の日経平均は大発会から583円安で始まり、中国経済の減速懸念や円高を背景に2月には1万5000円割れとなり、その後回復しましたが、6月に想定外のBrexitで再び1万5000円割れとなりました。

11月の米国大統領選挙におけるトランプ大統領の当選で、日経平均は大きく戻しましたが、12月の高値も1万9495円と、年初のコンセンサスの高値予想の下限も下回りました。市場関係者は輸送機、サービス、小売、情報・通信、建設を有望業種として挙げましたが、輸送機、サービス、小売はアンダーパフォームしました。市場関係者は有望銘柄としてソニー、日本電産、村田製作所、小野薬品、ダイフクを挙げましたが、村田製作所と小野薬品は年央にかけて急落しました。

◉高値水準予想は合っていたが、高値時期を間違えた2015年

2014年末の日経平均が1万7450円だった2015年初めは、安値予想は1万6000円に集中していましたが、高値予想は1万9000〜2万1000円（最頻値は1万9000円と2万1000円が同数）にばらつきがありました。例年どお

図表2-4◉2016年の日経平均のコンセンサス予想の高値・安値と実際の動き

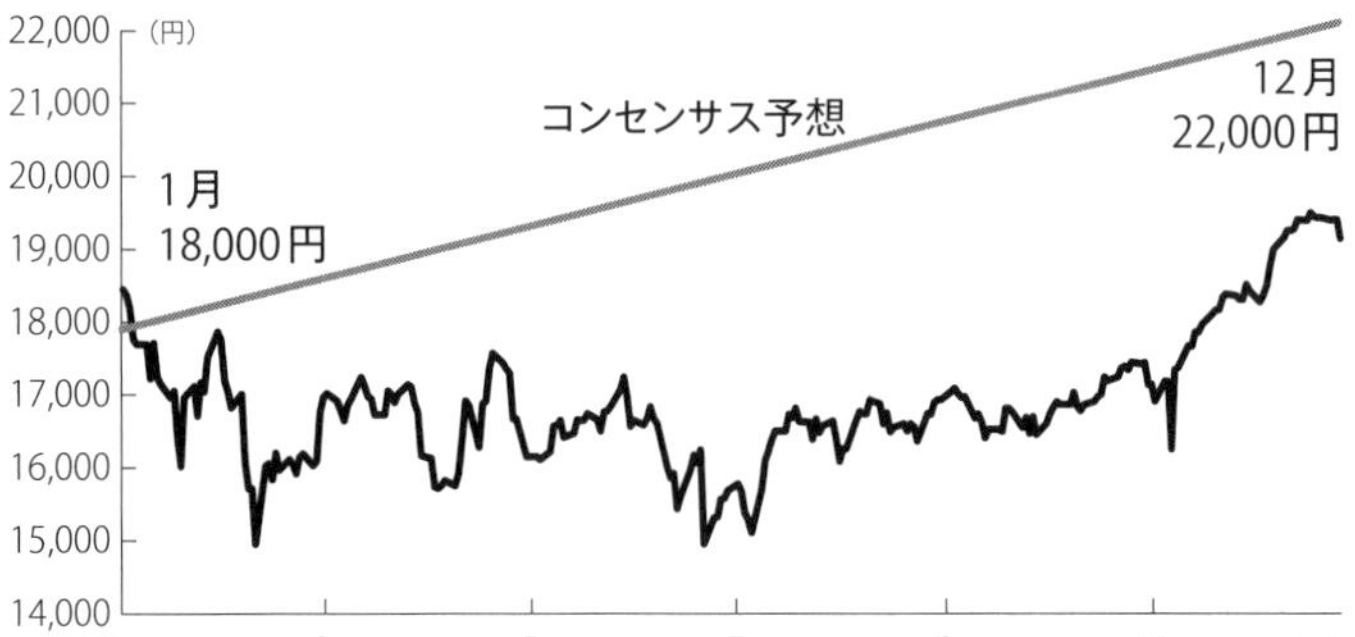

出所：ブルームバーグ、日本経済新聞よりみずほ証券エクイティ調査部作成

りに安値時期は1月、高値時期は12月の予想でした。

実際の日経平均は1月の1万6796円を安値に、6月に2万868円まで上昇し、高値水準のコンセンサス予想はほぼ正しかったといえますが、夏場にギリシャ危機や中国人民元の切り下げで、世界的に株価が急落し、年末にかけて軟調な展開になりました。12月末は1万9034円に下落し、6月高値で終わったことで、コンセンサス予想は日経平均の高値時期を間違えました。市場関係者は有望業種として輸送機、電機、建設、機械、小売を挙げていましたが、輸送機、電機、機械はアンダーパフォームしました。市場関係者から有望銘柄に挙げられたトヨ

図表2-5 ◉ 2015年の日経平均のコンセンサス予想の高値・安値と実際の動き

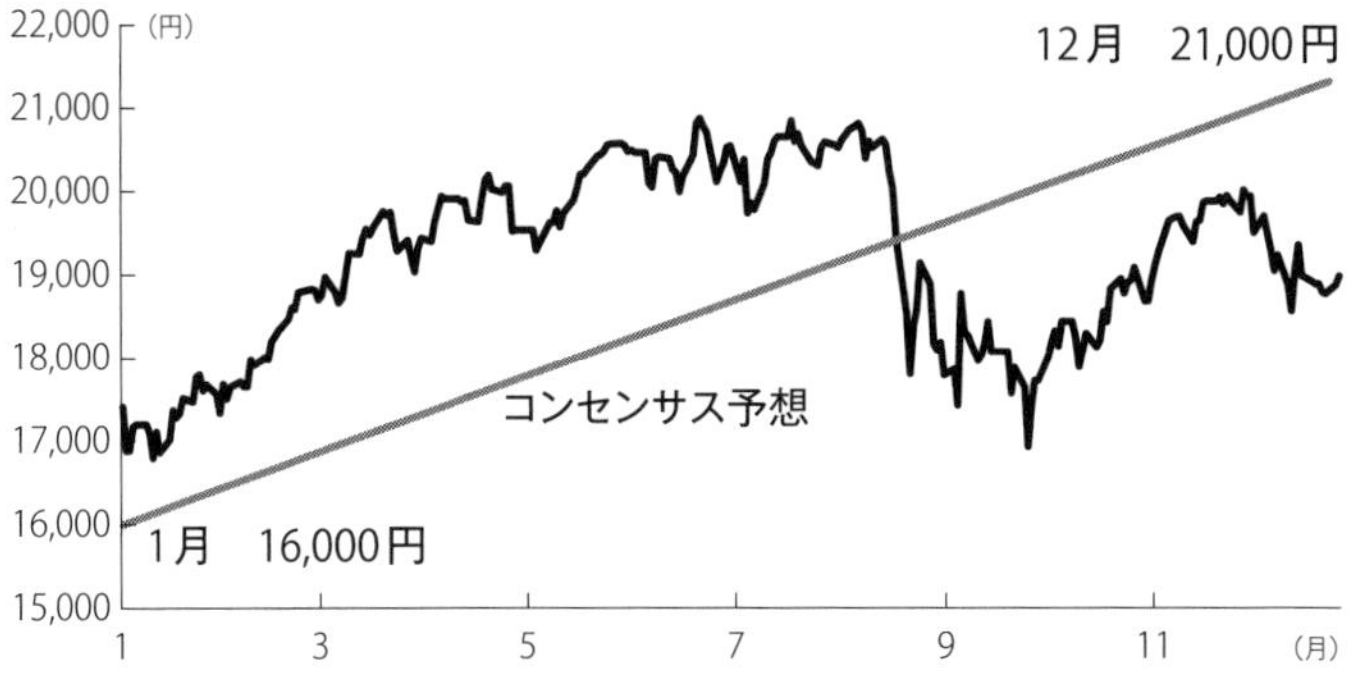

出所：ブルームバーグ、日本経済新聞よりみずほ証券エクイティ調査部作成

タ自動車、日立製作所、日本電産は下落しました。

◉ほぼコンセンサス予想に沿った動きとなった2014年

2014年の日経平均のコンセンサス予想は、安値は1月に1万4500円、高値が12月に1万8000円でした。実際の日経平均は年前半にボックス圏となり、4月に1万3910円の安値をつけましたが、10月末の日銀の追加緩和、GPIFの資産配分見直し、消費税引き上げの延期決定などを背景に、日経平均は12月に1万7936円まで急反発し、ほぼコンセンサス予想に沿った動きになりました。市場関係者はこれらの政策変更

図表2-6 ◉ 2014年の日経平均のコンセンサス予想の高値・安値と実際の動き

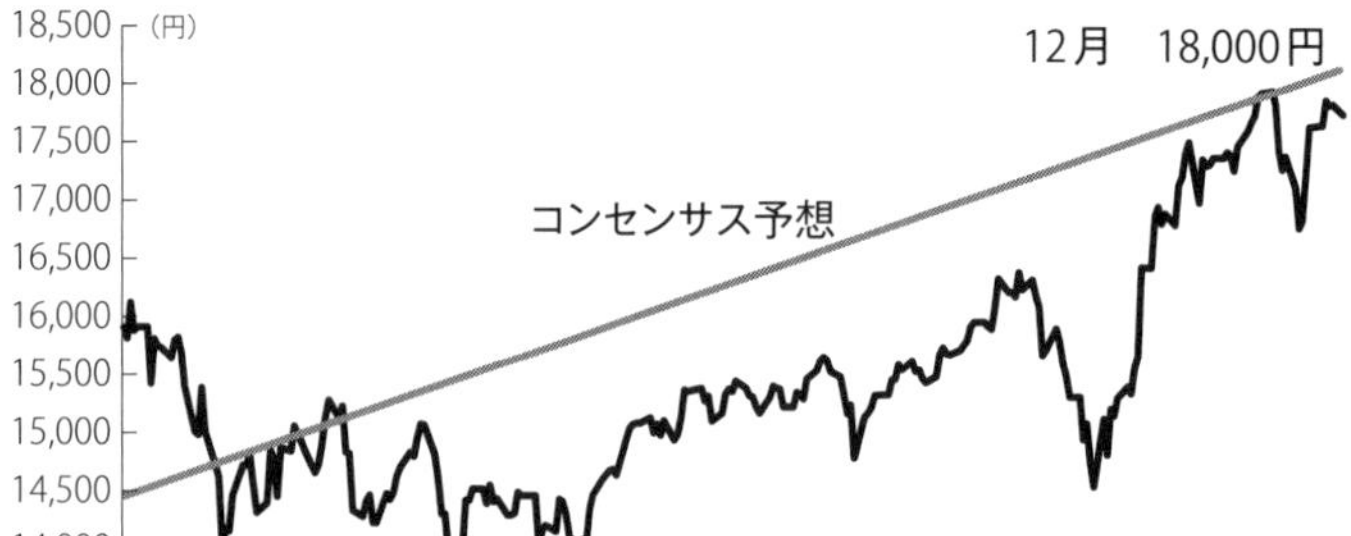

出所：ブルームバーグ、日本経済新聞よりみずほ証券エクイティ調査部作成

を予想していたわけではありませんでしたが、結果として日経平均はコンセンサス予想に沿った動きになりました。年初に市場関係者が有望銘柄に挙げたのは、トヨタ自動車や日立製作所などであり、両社とも上昇しました。

◉コンセンサス予想が大幅に慎重すぎた2013年

2012年12月の安倍政権の誕生で、年末にかけた日経平均の急騰が市場関係者の2013年の予想に反映されなかったためか、2013年のコンセンサス予想は慎重すぎました。市場関係者の日経平均の高値予想の最頻値は1万500円、

図表2-7 ◉ 2013年の日経平均のコンセンサス予想の高値・安値と実際の動き

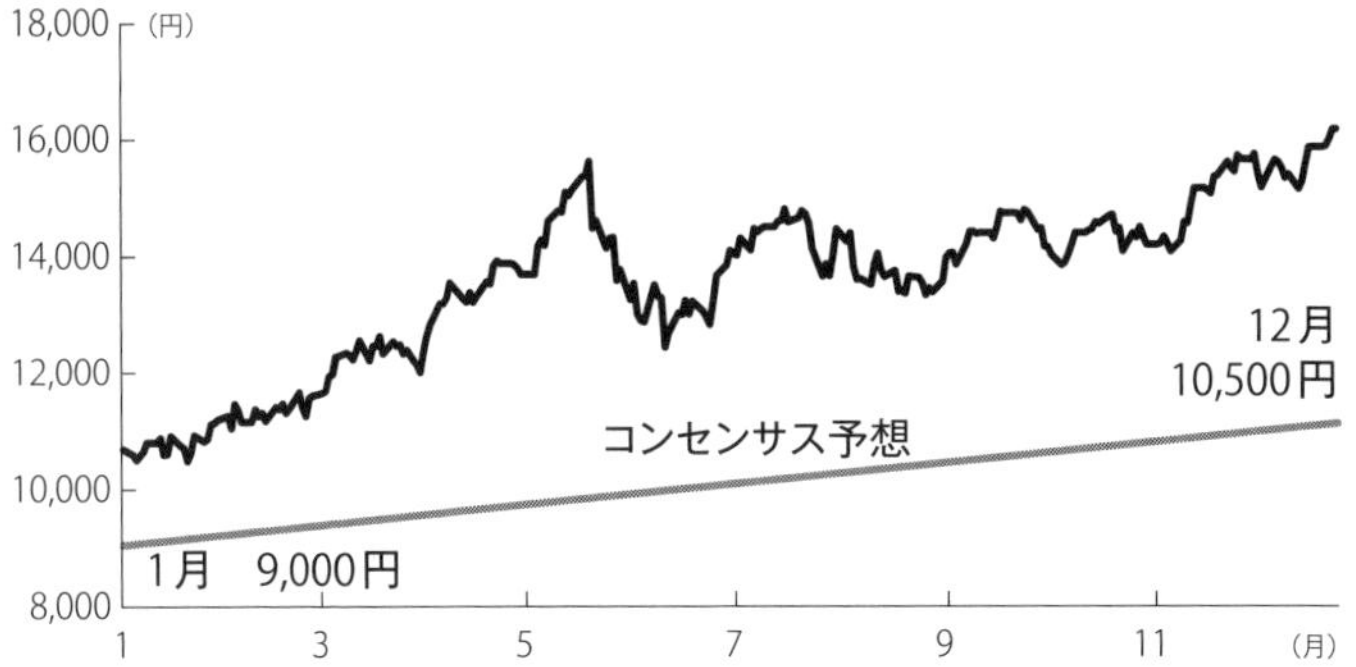

出所：ブルームバーグ、日本経済新聞よりみずほ証券エクイティ調査部作成

単純平均は1万1475円で、高値時期はいつものように12月でした。

実際は、アベノミクスや日銀の異次元緩和のスタートで、2013年の日経平均は57％も上昇し、年末の日経平均は全予想を超える1万6291円で終えました（1月の安値1万487円が、高値予想の最頻値に近かったくらいでした）。市場関係者が挙げた有望銘柄は、トヨタ自動車、ショーボンドホールディングス、DeNA、日立製作所などでした。DeNAは2013年に逆行安となりましたが、他の有望銘柄は大幅に上昇しました。

◉コンセンサス予想水準はほぼ当たった2012年

民主党政権時代だった2012年の日経平均のコンセンサス予想は、2月に8000円の安値をつけた後、12月に1万1000円に上昇するという予想でした。日経平均の高値予想水準は前年末の8455円に比べて約3割上でした。日経平均の1万円割れは割安という見方や、相場回復への Wishful Thinking（願望）を反映したのかもしれません。

1ドル＝80円台の円高や欧州危機を背景に、日経平均が安値をつけたのは6月でしたが、安値水準は8296円とコンセンサス予想の安値とほぼ同水準でした。日経平均は1万円割れが定着していましたが、年末にかけて衆議院解散、第2次安倍政権の誕生で急騰し、

12月末に1万395円と、コンセンサスの高値予想の1万1000円に近づきました。市場関係者にとって、2012年の政治イベントは予想外でしたが、日経平均のコンセンサス予想はほぼ当たったといえましょう。市場関係者が挙げた有望銘柄は、東レ、コマツ、日本電産、日産自動車、三井物産でしたが、これらのパフォーマンスはあまり良くありませんでした。

◉東日本大震災でコンセンサス予想とまったく逆の動きになった2011年

日経平均が1万円強だった2011年初めに、日経平均は企業業績の回復や割

図表2-8 ◉ 2012年の日経平均のコンセンサス予想の高値・安値と実際の動き

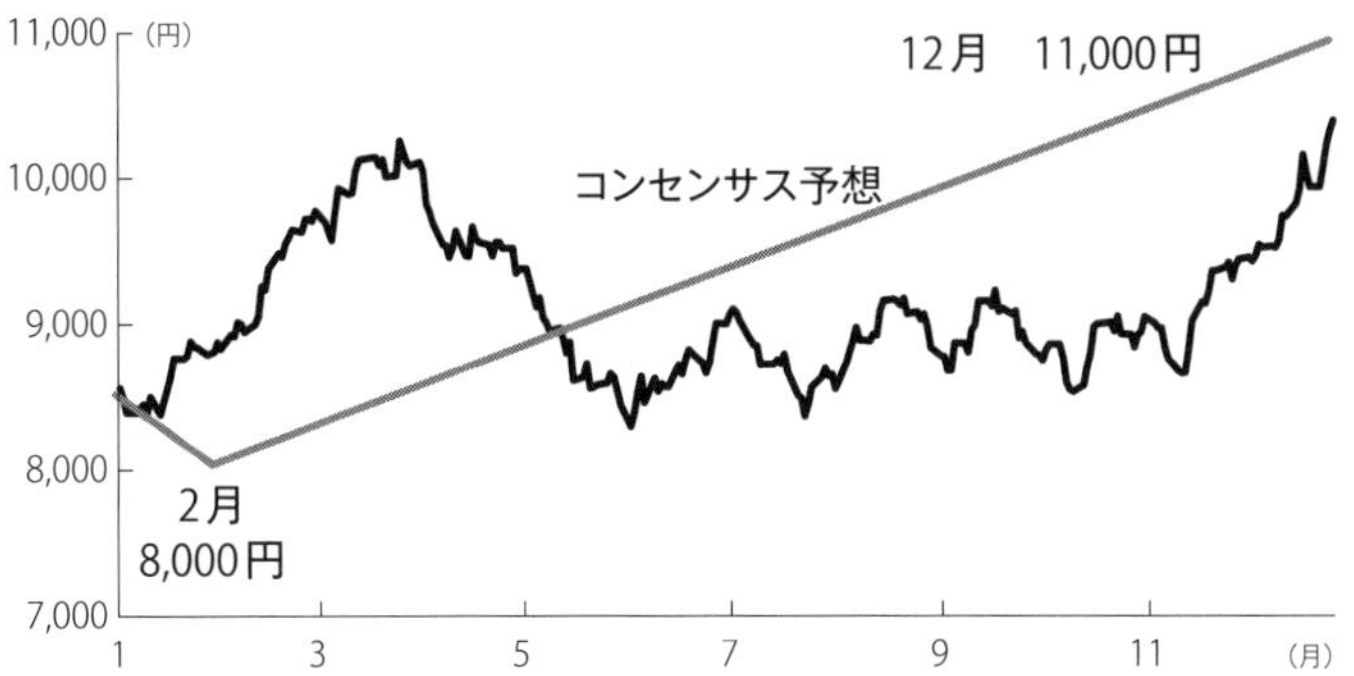

出所：ブルームバーグ、日本経済新聞よりみずほ証券エクイティ調査部作成

安感などから、12月に1万2000円に上昇するという予想が多数でした。
　しかし、3月に東日本大震災が起きて、日経平均は一時8000円台半ばまで急落しました。日経平均は夏場に1万円台を回復しましたが、年末にかけて、世界景気の減速、欧州債務危機、1ドル＝80円超の円高などを背景に、8000円台前半に再び下落し、年初のコンセンサス予想とまったく逆の動きになりました。2011年度の企業業績は減収減益となりました。市場関係者が有望銘柄として挙げたコマツ、日本電産、ファナック、オリックスは軒並み下落率が大きくなりました。

図表2-9 ◉ 2011年の日経平均のコンセンサス予想の高値・安値と実際の動き

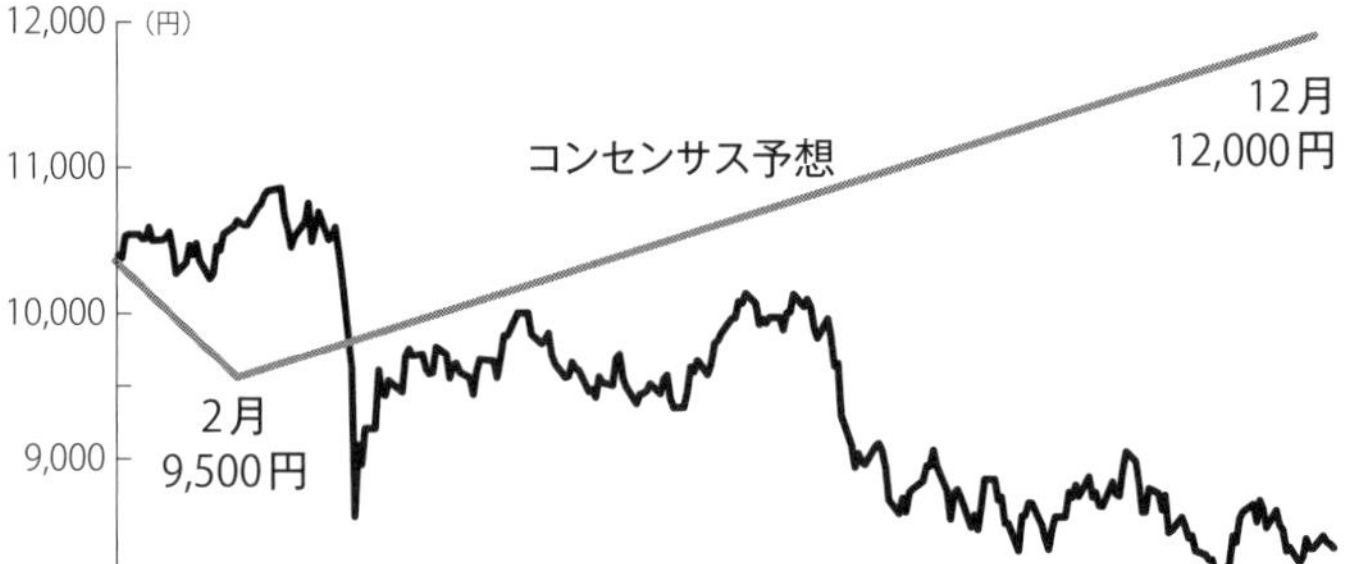

出所：ブルームバーグ、日本経済新聞よりみずほ証券エクイティ調査部作成

◉コンセンサス予想に反してゴールデンウィーク明けに急落した2010年

年初の日経平均が1万円台だった2010年のコンセンサス予想は、2～3月に9000円に下落した後、12月に1万2000円に上昇するというものでした。

世界景気の回復や米国株高などが強気予想の理由とされましたが、日経平均は5月のゴールデンウィーク明けから急落しました。ニューヨークダウがフラッシュクラッシュで一時1000ドル近く急落し、1万ドル割れとなりました。ユーロ危機、中国の金融引き締め、北朝鮮の軍事緊張などが下落理由でした。日経平

図表2-10◉2010年の日経平均のコンセンサス予想の高値・安値と実際の動き

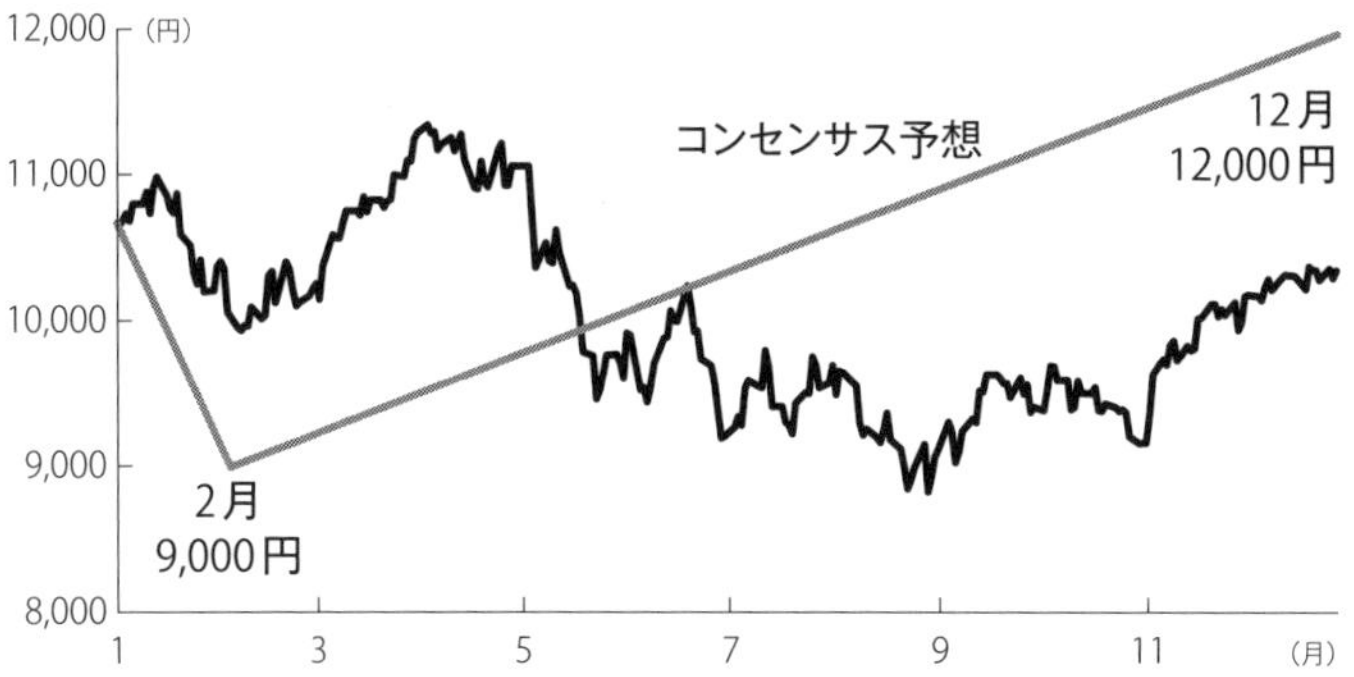

出所：ブルームバーグ、日本経済新聞よりみずほ証券エクイティ調査部作成

均は秋にかけて、世界的な景気減速やデフレ懸念から1万円割れが定着して、コンセンサス予想とは逆の動きになりましたが、年末にかけて戻したため、通年の日経平均は小幅安に留まりました。年初に有望銘柄としてトップ3に挙げられた日本電産、ユニ・チャーム、ヤクルトのうち、ユニ・チャームのみが上昇しました。

◉政変にもかかわらずコンセンサス予想がほぼ当たった2009年

リーマンショックの後遺症が癒えないなかで始まった2009年は、1月にオバマ大統領が誕生し、国内では8月の衆

図表2-11◉2009年の日経平均のコンセンサス予想の高値・安値と実際の動き

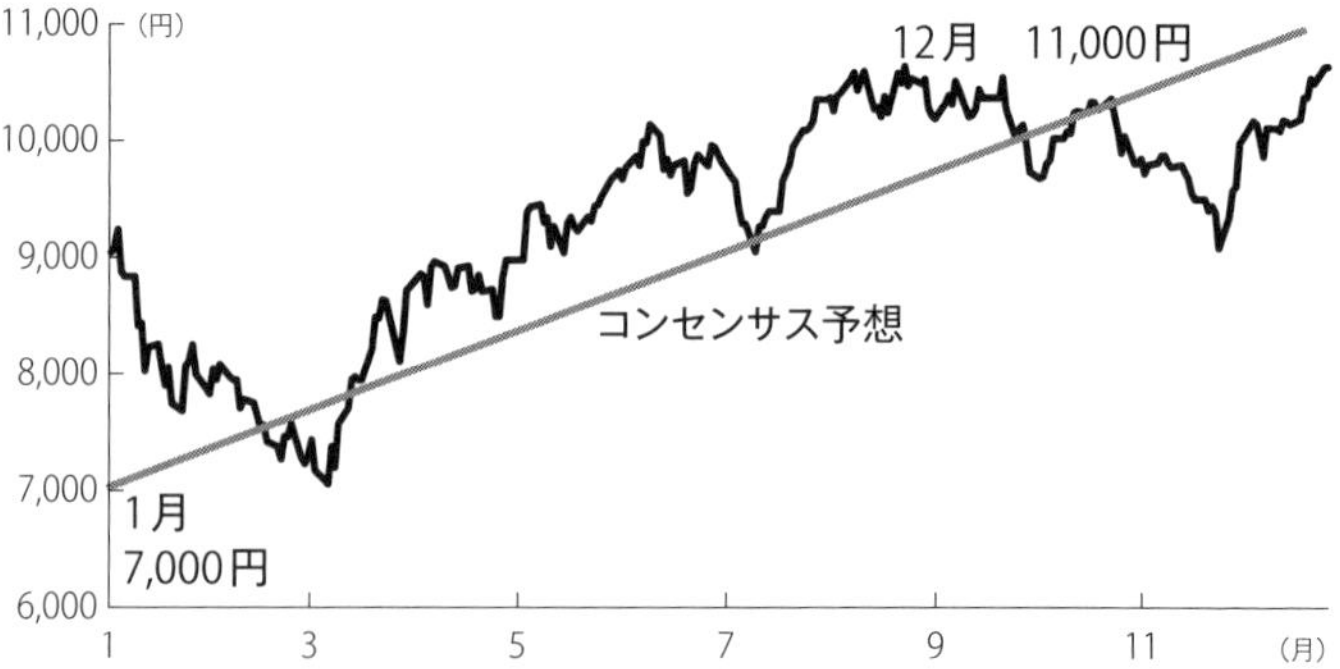

出所：ブルームバーグ、日本経済新聞よりみずほ証券エクイティ調査部作成

議院選挙で民主党が大勝して、民主党政権が誕生しました。実体経済は悪いものの、世界の政策協調や景気刺激策などを背景に、日経平均は1月の7000円を安値に、12月に1万1000円に回復するというのが、年初のコンセンサス予想でした。

2月に銀行の国有化懸念からニューヨークダウが12年ぶりの安値に下落したことに、日本企業の業績悪化や政治混乱も加わったことで、外国人投資家の日本株売りが続き、TOPIXは1990年のバブル崩壊以降の安値を更新しました。日経平均は3月に7055円まで下落し、時期は2カ月ずれましたが、コンセンサス予想の安値水準が当たりました。その後、景気底入れ、日銀の金融緩和、円安などを背景に、年後半に日経平均は回復基調になりました。年間高値は8月の1万640円でしたが、12月にも1万638円まで戻したので、年初のコンセンサス高値予想もほぼ当たったといえましょう。

◉リーマンショックでコンセンサス予想が大外れした2008年

日経平均が1万4000円台半ばで始まった2008年は、前半はもみ合いとなり、2月に1万4500円の安値をつけ、12月に1万8500円の高値に上昇するというのがコンセンサス予想でした。米国の住宅ローン問題が収束し、年後半に米国景気が持ち直し、輸出企業中心に企業業績が回復すると予想されていました。
　しかし、大発会から日経平均は616円安と不吉なスタートとなり、9月にリーマンショックが起きました。10月に日経平均は24％も急落し、「ブラック・オクトーバー」と呼ばれました。日経平均は1月の1万4691円が年間の高値となり、10月に安値7163円と約半値に下落したので、実際の日経平均はコンセンサス予想とまるで逆の動きでした。原油価格が100ドルを超えるなか、年初に投資テーマとして環境、代替エネルギー、新興国関連が注目されていましたが、景気後退で原油価格は下落し、新興国関連株も急落しました。

図表2-12◉2008年の日経平均のコンセンサス予想の高値・安値と実際の動き

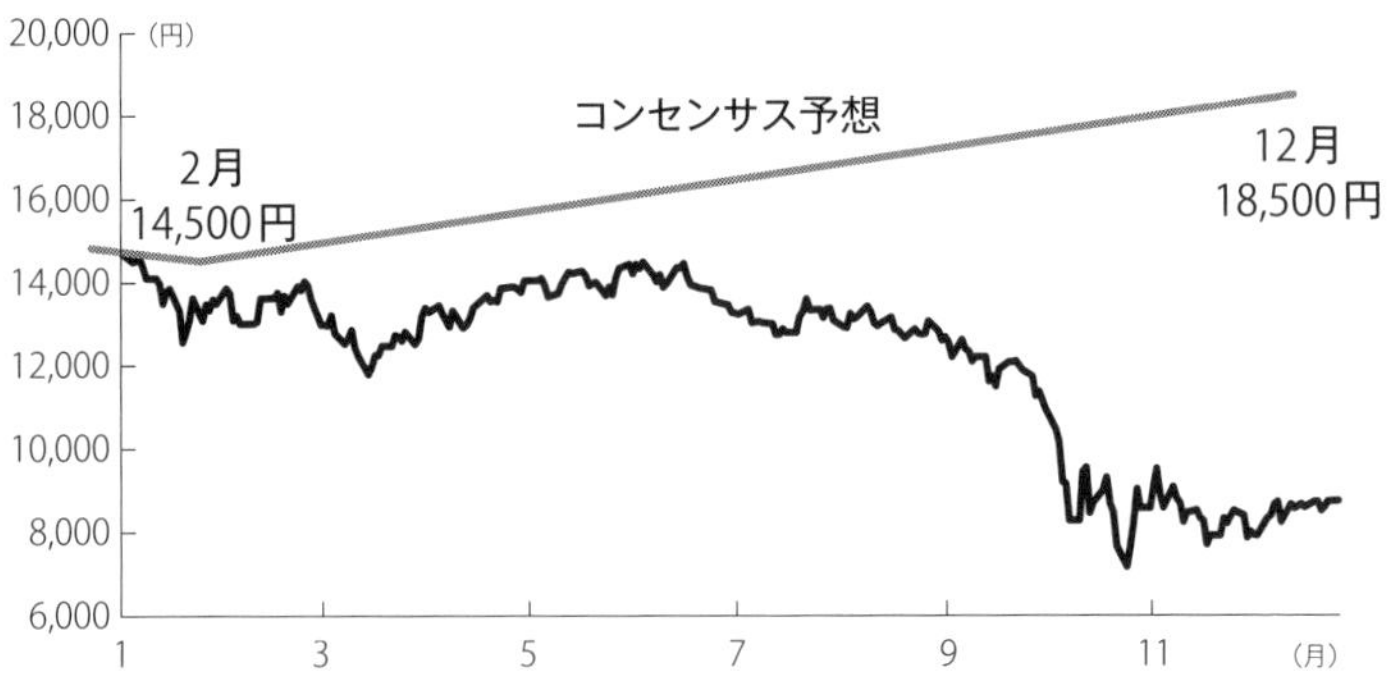

出所：ブルームバーグ、日本経済新聞よりみずほ証券エクイティ調査部作成

◉水準は外れていないが、高値安値時期がまるで逆だった2007年

2007年初めのコンセンサスは、日経平均は年前半に調整し、5月に1万5500円に下落するものの、世界経済や企業業績の拡大で、12月に1万9000円を目指すという予想でした。

実際の日経平均の安値は1万4838円、高値は1万8262円とコンセンサス予想から大きく外れたわけではありませんでしたが、日経平均の季節的な動きはまったく違いました。高値をつけたのは7月で、安値をつけたのは11月でした。

8月に海外の金融機関がサブプライムロ

図表2-13◉2007年の日経平均のコンセンサス予想の高値・安値と実際の動き

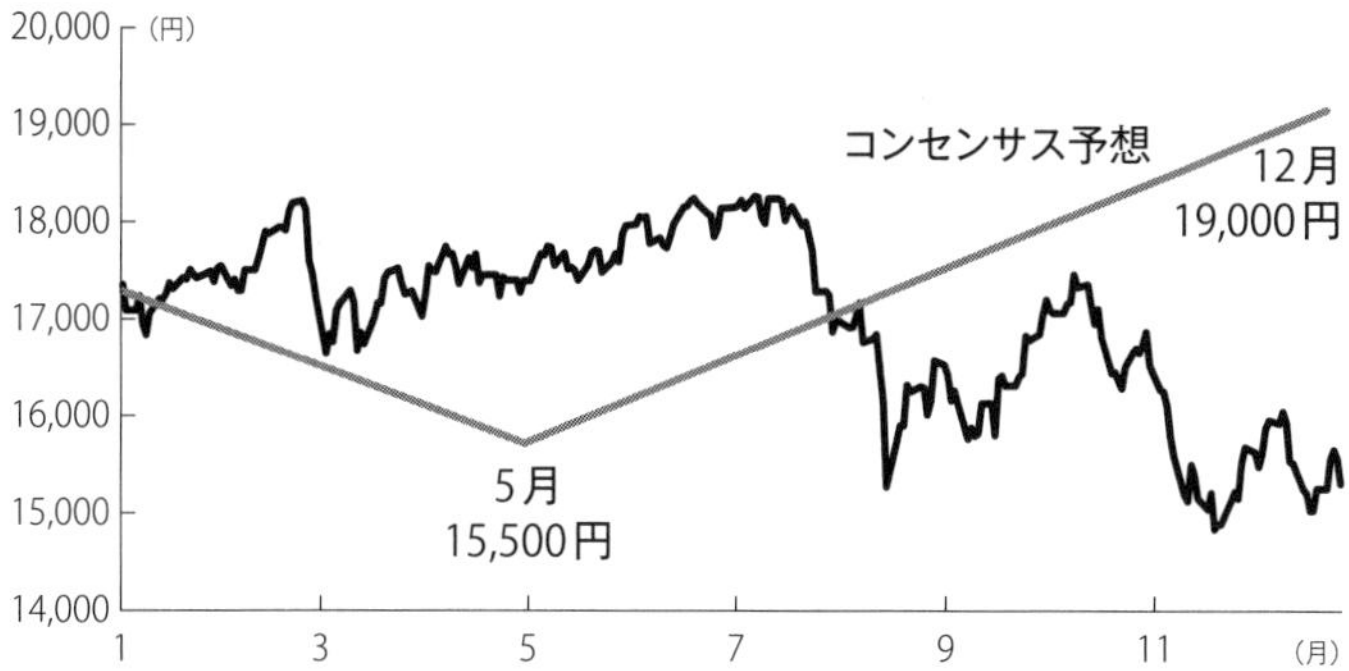

出所：ブルームバーグ、日本経済新聞よりみずほ証券エクイティ調査部作成

ーン関連の損失を次々と明らかにしたため、金融危機の兆しが出始めたことが、日経平均下落のきっかけになりました。

当時の首相も安倍首相でしたが、7月の参議院選挙で自民党が大敗し、9月に安倍首相が病気を理由に突然退任しました。年末にかけて、世界経済の減速懸念、円高、外国人の日本株売りなどが、日経平均のさらなる下落理由になりました。

◉コンセンサス予想にほぼ近い動きだった2006年

市場関係者は小泉純一郎元首相の退任が相場の重石になるものの、景気回復を背景に外国人投資家の買いが続き、日経

図表2-14◉2006年の日経平均のコンセンサス予想の高値・安値と実際の動き

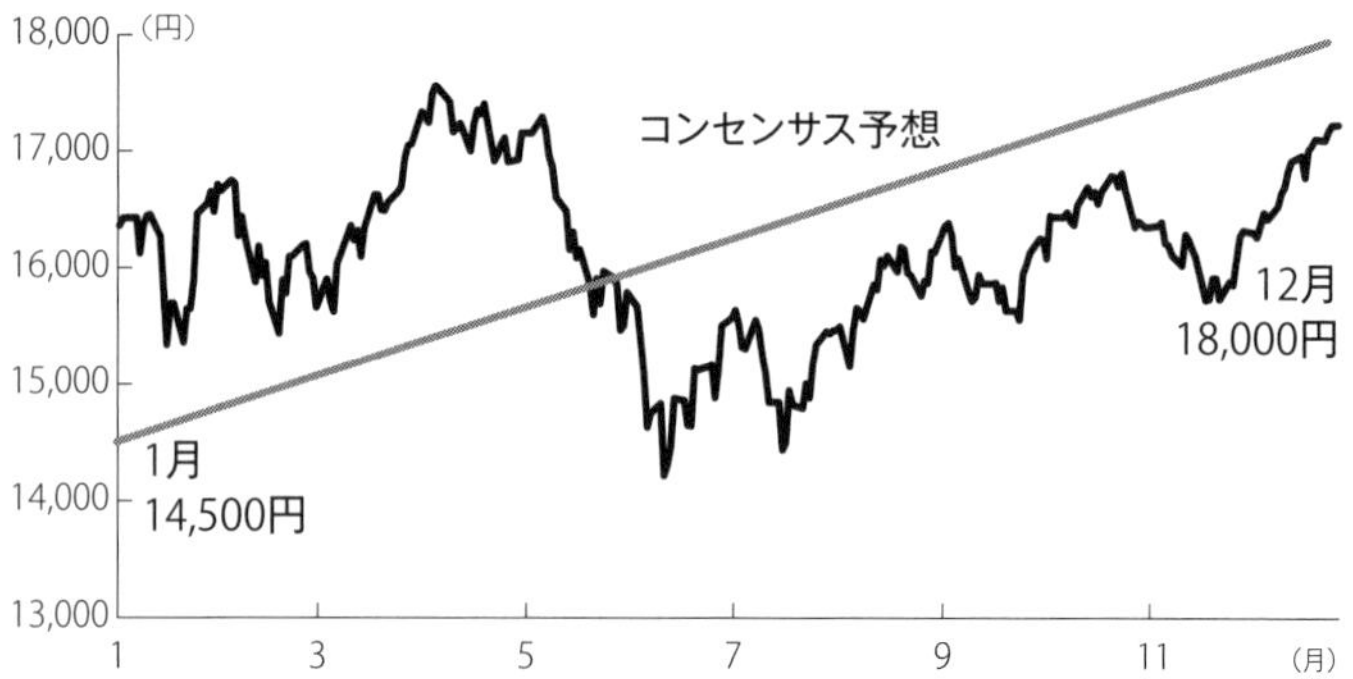

出所：ブルームバーグ、日本経済新聞よりみずほ証券エクイティ調査部作成

平均は1~2月の安値1万4500円から、12月に18000円に上昇するとのコンセンサス予想でした。

1月にライブドア・ショックがありましたが、欧米株高や国内景気・業績への期待を背景に、日経平均は4月に1万7563円の年内高値をつけました。6月に世界的な金融引き締めや商品市況の高騰に伴う交易条件の悪化などから、日経平均は1万4219円まで下落し、年内の安値になりました。12月に海外株高によって、日本株の出遅れ感に注目した外国人投資家の買いによって、日経平均は年末に1万7226円まで戻しました。年初のコンセンサス予想との乖離は、高値で774円、安値で281円だったため、コンセンサス予想はほぼ当たったといえましょう。2006年の日経平均上昇率は約7%でしたが、年初に経営者によって有望銘柄に挙げられたトヨタ自動車や信越化学は3割近い上昇となり、有望銘柄も当たった年でした。

◉郵政解散選挙でコンセンサス予想を上回る大幅高の2005年

2005年初めに、日経平均は景気の踊り場や円高傾向から、1月に1万500円の安値をつけるものの、12月に景気回復やデフレ脱却などを背景に、12月に1万2500円に上昇するというのがコンセンサス予想でした。

日経平均は5月に景気減速懸念などから1万825円と、コンセンサス予想に近い安値をつけました。年後半は海外株高や、9月に小泉元首相が郵政民営化を問う衆議院選挙に大勝したことで、構造改革期待が高まり、外国人買いが急増し、12月にかけて日経平均は8カ月連続で上昇し、1万6344円と、コンセンサスの高値予想を大幅に上回る上昇となりました。年初に市場関係者によって有望銘柄に挙げられたトヨタ自動車、三菱UFJファイナンシャル・グループ、日東電工、三菱商事などが、日経平均上昇率を上回る大幅高となりました。

図表2-15 ◉ 2005年の日経平均のコンセンサス予想の高値・安値と実際の動き

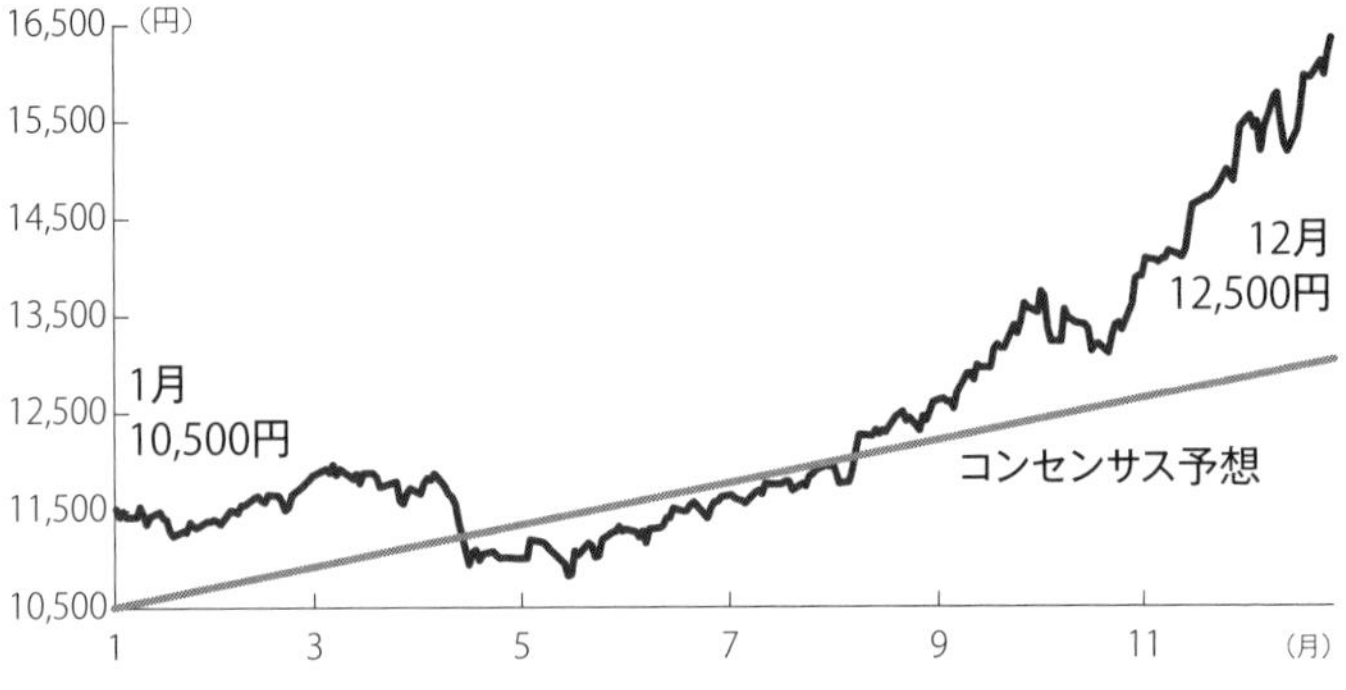

出所：ブルームバーグ、日本経済新聞よりみずほ証券エクイティ調査部作成

◉狭い動きとなり、コンセンサス予想は高値・安値ともに未達の２００４年

２００４年初めの日経平均は1万円台後半でしたが、市場関係者は円高や地政学的リスクなどを背景に日経平均は1～2月に９０００円の安値をつけた後、12月に1万３０００円に上昇すると予想していました。例年どおりの年末高予想でしたが、12月高値を予想する市場関係者が14人と単月ベースでは最多だった一方、5～6月に高値をつけると予想した市場関係者も2カ月合計で19人と、例年になく年央高予想が多くなりました。２００5年の米国経済の減速や、7月の参議院

図表2-16◉2004年の日経平均のコンセンサス予想の高値・安値と実際の動き

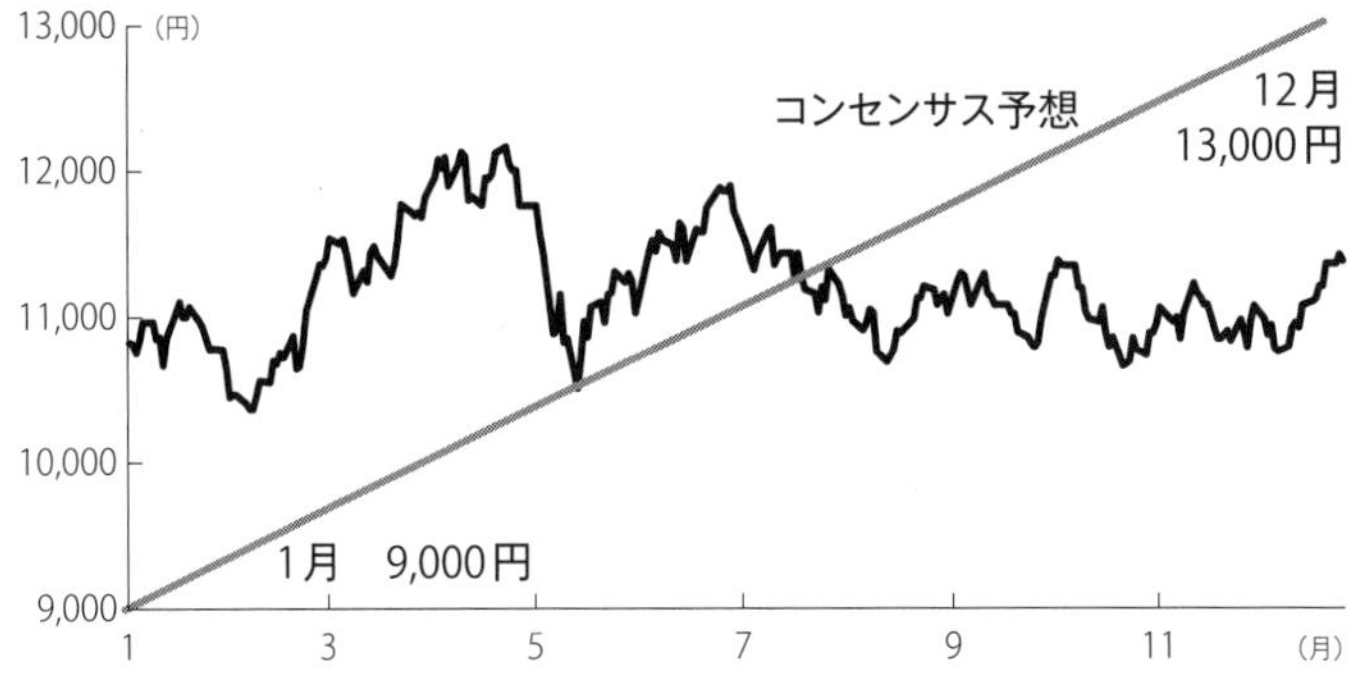

出所：ブルームバーグ、日本経済新聞よりみずほ証券エクイティ調査部作成

選挙、11月の米国大統領選挙が年後半の波乱要因になり得ると予想されていました。

日経平均は内需回復やデフレ脱却期待などを背景に4月に1万2164円に上昇し、年間の高値をつけた後、年後半は1万5000～1万2000円のボックス圏になりました。2004年のコンセンサス予想の高値・安値の差は4000円でしたが、実際の高値・安値の差は1798円の狭いレンジでした。

◉イラク戦争にもかかわらず、コンセンサス予想はほぼ的中した2003年

2003年の日経平均は日米の景気減

図表2-17◉2003年の日経平均のコンセンサス予想の高値・安値と実際の動き

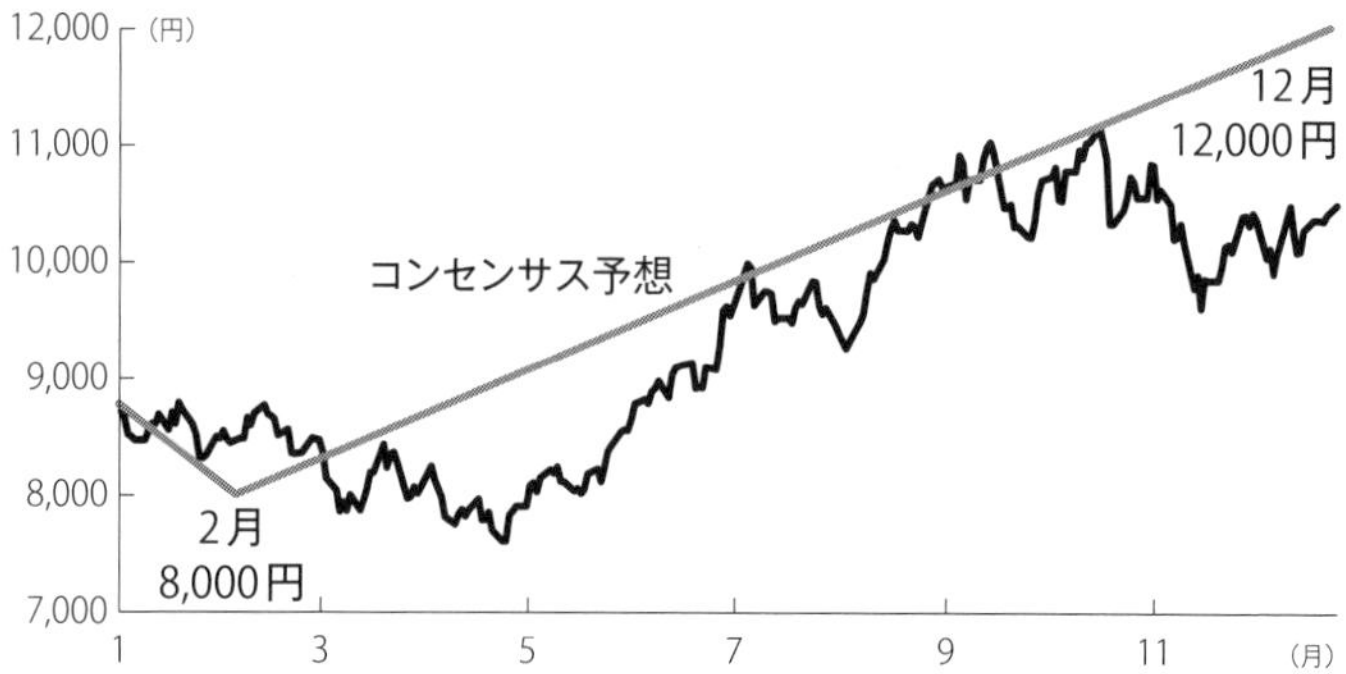

出所：ブルームバーグ、日本経済新聞よりみずほ証券エクイティ調査部作成

速やイラク情勢の緊張で、2月危機が起きて、日経平均が8000円の安値をつけるものの、増益基調の維持や米国の景気対策などを背景に、12月に1万2000円へ上昇するというのが年初のコンセンサス予想でした。

実際に3月にイラク戦争が始まり、日経平均は4月に7608円まで下落したものの、イラク戦争は短期に終了したため、6月以降、日経平均は急反発し、10月に1万1162円の高値をつけました。海外株高や景気回復期待が、下半期の日経平均の上昇につながりました。イラク戦争が起きたにもかかわらず、日経平均の高値・安値の水準や時期のコンセンサス予想はほぼ当たったといえましょう。

第 3 章

投資・トレード対象としての株価指数とその影響

HOW SIGNIFICANT ARE
STOCK INDICES FOR INVESTORS?

誰が何に投資・トレードしているのか？

◉日経平均は最大の仕手株？

機関投資家と株価水準を議論するときは、ＴＯＰＩＸより日経平均が多いし、マスコミでも日経平均がほかの株価指数より先に報じられることが多くなっています。私もその日の日経平均の水準を尋ねられると、少なくとも百円単位で答えることができますが、ＴＯＰＩＸやＪＰＸ日経インデックス４００の水準を聞かれても、即答できないことが多いです。日経平均はそれほど株式市場、ひいては世の中で浸透した株価指数だといえます。

しかし、機関投資家と話をすると、日経平均に不満を抱いている投資家が少なくありません。これまで書いてきたように、日経平均はファーストリテイリングなど一部の銘柄の比重が高い一方、時代を反映しない旧来型企業も含まれているからです。

とはいえ、日経平均は先物取引がＴＯＰＩＸよりも多く、それが現物取引に影響するので、ロングオンリーの投資家も日経平均はつぶさにウォッチする必要があります。

約２１００銘柄もあるＴＯＰＩＸと異なり、日経平均は２２５銘柄しかないので、資金力がある大手のヘッジファンドや証券会社は、一部の上位組入銘柄を集中的に売買することで、少なくとも短期的に日経平均を動かすことができます。日経平均を最大の仕手株だと呼んだベテランの投資家もいました。

ファンダメンタルズを重視する機関投資家は日経平均の操作性を嫌う一方、短期のノイズだと割り切る投資家もいます。売買のしやすさやそうした操作性ゆえに、大手投資家や証券会社はＴＯＰＩＸより日経平均の売買を好む傾向があります。日経平均の問題点を認識しながらも、売買を止められないという自己充足的な側面があるといえます。

◉意外に外国人投資家の売買が多いミニ日経平均先物取引

２００６年７月からは個人投資家の先物取引を促すため、大阪証券取引所でミニ日経平均先物取引が始まりました。日経平均先物（ラージ）の取引単位は日経平均×１０００倍（現在の株価であれば、2000万円超）であるのに対して、ミニ日経平均先物取引であれば、その10分の1の単位で取引が可能で、呼値の単位も日経平均先物の10円に対してミニは5円です。

2017年の売買代金は日経225先物の467兆円に対して、日経225ミニは445兆円、TOPIX先物は398兆円、ミニTOPIX先物は6兆円と、日経225ミニは活発に取引されています。

2017年の投資家売買シェアは日経平均先物では外国人投資家が82％、個人が9％だった一方、ミニ日経平均先物では外国人投資家が78％、個人投資家が20％でした。2017年の東証1・2部合計の現物取引における投資家別の売買シェアは外国人投資家が69％、個人投資家が22％だったため、現物取引よりも先物取引で外国人投資家の売買シェアが高いといえます。

これはマクロヘッジファンドなどの株価指数の先物売買が多いためと考えられます。日経朝刊は日経平均の先物の売り買いの主な手口を毎日掲載します。日系や米系大手証券に加えて、フランスのソシエテ・ジェネラル証券、オランダのABNアムロ証券などが手口の上位に出てくることが多くなっています。両社とも日本株の個別銘柄のブローカレッジはほとんどやっていませんが、株価指数の先物などを積極的に売買する証券会社として知られています。自己勘定の場合もあるでしょうし、注文の背後にヘッジファンドがいる場合もあるでしょう。

また、市場にビッグイベントが発生したときに、日経平均の225の構成銘柄にすべて値段がつくには時間がかかりますが、先物は瞬時に値がつくため、重宝されている面もあります。たとえば、アベノミクスや日銀の量的質的緩和（QQE）が始まったとき、外国人投資家は急速に日本株のポジションをつくる必要性が出たため、とりあえず先物で日本株のロングポジションをつくり、後からアベノミクスや金融緩和でどのような銘柄が恩恵を受けるかをしっかりと調査して、個別銘柄を買い、先物のロングポジションを解消するといった取引もみられました。

◉個人投資家は日経平均レバレッジ・インデックスを短期売買

「NEXT FUNDS日経平均レバレッジ・インデックス連動型上場投信」は、日経平均レバレッジ・インデックスを対象指数とし、対象指数に連動する投資成果を目指すETFであり、2018年8月時点の純資産は3500億円でした。また、「NEXT FUNDS日経平均ダブルインバース・インデックス連動型上場投信」は、日経平均ダブルインバース・インデックスを対象指数に連動する投資成果を目指しており、純資産は1200

億円でした。

レバレッジが効くETFの人気が高いのは、日本の個人投資家はETFを長期投資というよりは、短期売買目的に使っているためでしょう。日経平均の日次変化率は1％未満であることが多いのですが、日本の個人投資家はその程度の値動きでは満足できないため、レバレッジが効いたETFを取引するようです。

２０１８年9月21日時点で日本のETFで残高が大きいのは、野村アセットマネジメントの「TOPIX連動型上場投信」の8・5兆円、ついで同じ野村アセットの「日経225連動型上場投信」の6・1兆円でした。東証には223銘柄のETFが上場していますが、２０１７年の売買代金の62％は野村アセットの「NEXT FUNDS日経平均レバレッジ・インデックス連動型上場投信」に集中し、売買代金2位の「NEXT FUNDS日経平均ダブルインバース・インデックス連動型上場投信」が12％を占めたため、2つのETFで売買代金の4分の3を占めるということになります。

◉マクロヘッジファンドやCTAが日経平均先物を活発に売買

日本でヘッジファンドというとあまり良いイメージが持たれていませんが、欧米ではヘッジファンドで成功した人は尊敬されています。大手証券にとってもヘッジファンドは手数料を多く払ってくれる重要な顧客です。

ヘッジファンド・データベースのユーリカヘッジによると、2018年7月末のヘッジファンド全体の運用資産は2・46兆ドル（約270兆円）と、前年末並みでした。ヘッジファンドの拠点に占める地域別比率は、米国が2010年の46％から2018年6月末に58％に高まった一方、英国が18％→12％と低下しました。香港は4・6％→4・3％、シンガポールは3・0％→2・2％と低下しました。戦略別ヘッジファンドの分類はロング＆ショートが36・5％で最も多く、マルチ戦略が14・9％、CTA/managed futuresが9・9％、イベントドリブンが9・3％と続きました。

CTAはCommodity Trading Advisorの略で、先物等で株価指数やコモディティを売買する会社です。大手のマクロヘッジファンドにはブリッジウォーターやソロスファンドなどがあり、日本株のロングショートではポイント72やミレニアムなどが大手です。

こうしたマクロヘッジファンドやCTAなどは日経平均の先物を積極的に売買する一方、個別銘柄の売買はほとんど行ないません。ブリッジウォーターの創業者のレイ・ダリオ氏のマクロ景気や相場観に関するコメントは、ツイッターなどで世界中の投資家に注目されています。たとえば、2018年9月16日にレイ・ダリオ氏は、ツイッターに「債務危機をいかに予想し、ナビゲートするかについて議論したい」と書き込んで、世界的な負債増加に警鐘を鳴らしました。

◉株価指数を取引するETFが急増

ETF（Exchange Traded Funds）は上場投資信託と呼ばれていますが、株式だけでなく、債券、REIT（リート）、通貨、コモディティ（商品）などの指数に連動する投資商品で、米国で1993年に初めて導入されました。

世界のETF市場は、①リーマンショック以降、世界の株式市場が右肩上がりだったこと、②低コストの運用を求める投資家のニーズ、③スマートベータなど様々なタイプのETFが提供されたことによって拡大してきました。そうした潮流の恩恵を受けたのが、ブラックロックなどETFの商品開発・マーケティングに強みを持つ運用会社でした。

2008年に0・7兆ドルだった世界のETF残高は2018年に5兆ドルと、年率20%超で拡大しました。ブラックロックは世界のETF残高が2023年に12兆ドル、2027年に25兆ドルへさらに増えると予想しています。ブラックロックはETFがさらに伸びると予想される理由として、①アクティブ運用者によるETF使用の増加、②運用のコストや質に敏感な投資家の増加、③運用手数料の透明性を求める投資家の増加など、金融アドバイス業のビジネスモデルの変化、④株式だけでなく、債券市場で効率的な市場アクセスとしてのＥＴＦの評価の高まりを挙げました。

「ヘッジファンドがコストが高いうえにパフォーマンスが出ない」との見方が広がったため、２０１７年にはＥＴＦ残高が36％も増えたのに対して、ヘッジファンド残高は６％増に留まりました。ＥＴＦ調査会社のＥＴＦＧＩによると、２０１８年上期に世界のＥＴＦには１５００億ドルの資金が流入しましたが、流入額としてはブラックロックのiShare Core MSCI EAFE ETFに次いで、２位

図表3-1 ◉ 世界のETF市場の残高

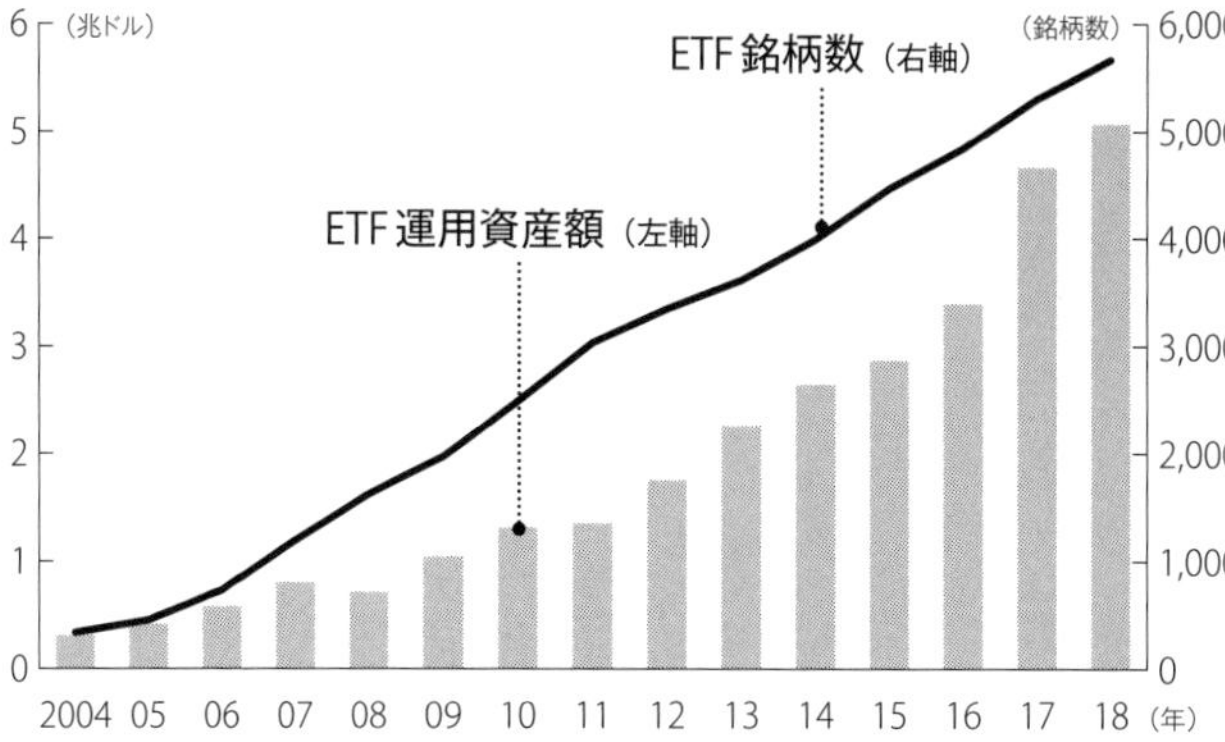

注　：2018年8月時点。
出所：ETFGIよりみずほ証券エクイティ調査部作成

が野村アセットのＴＯＰＩＸ連動型上場投信、10位が同じ野村アセットの日経２２５連動型上場投信でした。野村アセットのＴＯＰＩＸ連動型上場投信の資金流入の背景には、日銀のＥＴＦ購入があったと推測されました。

◉日銀のＥＴＦ購入は金融緩和策の一環

日銀がＥＴＦを購入し始めたのは、安倍政権になって黒田東彦日銀総裁が誕生してからではなく、民主党政権時代の白川方明前総裁時代でした。

デフレが深刻だった２０１０年10月28日に日銀は、年４５００億円程度のＥＴＦと５００億円程度のＪ－ＲＥＩＴの購入を決めました。短期金利の低下余地が限界的となっている状況を踏まえ（実際には２０１６年２月にマイナス金利を導入したので、このときは限界ではありませんでした）、金融緩和を一段と強力に推進するため、各種リスクプレミアムの縮小を促すことが目的でした。

このリスクプレミアムの縮小はその後のＥＴＦの購入増額の際にも繰り返し唱えられた目標でしたが、簡単にいえば、ＰＥＲを上昇させることです。当時の東証１部の予想ＰＥＲは13倍台でしたが、悲観的見通しが高まるなかで、２０１２年半ばに12倍以下まで低下しました。

その後、2013年3月20日に黒田総裁が就任し、同年4月4日に「量的・質的金融緩和」（QQE）が始まり、長期国債が年間約50兆円増額、ETFは年1兆円、J－REITは同300億円購入するとしました。コアCPI変化率2％の物価安定目標を2年程度の期間を念頭に置いて、できるだけ早期に実現することが目標でしたが、この時掲げた目標はいまだに達成されていません。

日銀のETF購入については次節で詳しく触れますが、需給的には外国人投資家の日本株売りを吸収する形になっています。

アベノミクスの始まりと日銀の大規模金融緩和を評価して、外国人投資家は2012年度に6・6兆円（現物＋先物合計）、2013年度に8・7兆円と大幅に買い越しましたが、2015年度には10兆円の売り越しに転じました。中国経済への不安が高まったほか、アベノミクスが期待外れだったとの声も出たためです。外国人投資家は2016年度に1兆円の小幅な買い越しでしたが、2017年度に再び5兆円近い売り越しに転じました。

こうした外国人投資家の売り越しを埋めたのが、日銀のETF購入でした。日銀のETF購入額は2015年度3兆円→2016年度5・3兆円→2017年度5・9兆円と、2016年から続く目標の年6兆円に近づく形で増えました。

◉S&P500のような株価指数であれば長期投資にも向くが……

第1章で述べたように、ウォーレン・バフェット氏は自分の死後、妻に残す信託財産の運用方法としてS&P500を勧めました。バークシャーハサウェイの株価はS&P500を長期にわたってアウトパフォームしてきましたが、同社を経営するウォーレン・バフェット氏は自らのような優れたアクティブ・ファンドマネージャーは稀有と考えて、株価指数での運用を勧めたと思われます。

日本の投資家にとっては、①日本株か外国株か、②外国株に投資する場合に、米国株だけでよいか、欧州株や新興国株へ分散すべきか、③外国株投資をするときに為替ヘッジをすべきか、④日本株及び外国株投資をする際に、株価指数を買うべきか、個別銘柄やアクティブ投信を買うべきか、⑤インデックス投信やETFを買うなら、どの株価指数を選ぶべきかという多岐にわたる選択肢がありますが、ウォーレン・バフェット氏のように割り切って、S&P500の1本に絞るというのも1つの選択肢かもしれません。なぜなら、S&P500は長期的に日経平均をアウトパフォームしているためです。

また、S&P500に属するような米国大企業の事業は国際分散しているので、わざわざ投資家が分散ポートフォリオを持つ必要がないとの指摘もあります。

S&P500銘柄は四半期毎に年20～30社程度が入れ替えられていますが、その理由の過半数がM&Aです。S&P500には適者生存の原理や市場の浄化作用が働いているといえます。一方、日本は国内企業同士のM&Aが少ないため、日経平均の構成銘柄も算出開始時からの旧態依然とした企業が残っています。2005年と現在を比べると、S&P500の時価総額上位企業がマイクロソフトやエクソンモービルを除くと、がらりと変わっているのに対して、TOPIX上位企業の顔ぶれはほとんど同じです。

GPIFは政府や経団連への気遣いもあり、国内株式と外国株式の目標比重を同じにしていますが、企業年金連合会は2017年度末に外国株式を24％と、国内株式の18％より高めています。いまや日本株はMSCI ACWI（All Country World Index）国際株価指数などの8％程度しかないので、国際株価指数並みであれば、日本株の比重は全株式の8％で良いということになります。日本企業が米国企業に負けないように国際競争力を高めて、資本効率性を上げる、あるいは日経平均がS&P500に負けないような銘柄構成にならないと、日本株より外国株を増やす日本の投資家が増えることになるでしょう。

日銀によるETF購入が与える影響

◉日銀はETF購入額を年1兆→3兆→6兆円と拡大

前節で触れたように、2013年3月20日に黒田総裁が就任し、同年4月4日に「量的・質的金融緩和」（QQE）が始まり、長期国債が年間約50兆円増額、ETFは年1兆円、J－REITは同300億円購入するとしました。

その後、2014年10月31日に「量的・質的金融緩和」を拡大するとして、長期国債の年間増加額目標が30兆円増の80兆円、ETFとJ－REITの年間購入額もともに3倍増のそれぞれ年3兆円、900億円に拡大されました。2014年4月の消費税引き上げで、予想以上に景気停滞が長引いたうえ、原油価格も大幅に下落したため、デフレマインドを

図表3-2 ◉ 第2次安倍政権下での日銀政策の変遷

日時	内容
2012年12月26日	第2次安倍内閣が誕生
2013年01月22日	政府・日銀がデフレ脱却に向けた「共同声明」を発表
	日銀が2%の「物価安定の目標」導入
2013年03月20日	黒田東彦日銀総裁、中曽宏、岩田規久男副総裁が就任
2013年04月04日	異次元緩和導入、2年程度の期間で2%の物価上昇率を実現すると宣言。ETFの年間購入額を0.45兆円（2010年10月導入）→1兆円に増額
2014年10月31日	追加緩和、マネタリーベースの年間増加額を60-70兆円→80兆円に増額、物価見通しは維持。ETFの年間購入額を1兆円→3兆円に増額
2015年04月30日	物価目標の到達時期を2016年度前半頃と先送り
2015年10月30日	物価目標の到達時期を2016年度後半頃と先送り
2016年01月29日	日銀がマイナス金利付き量的質的金融緩和を導入、物価目標の到達時期を2017年度前半頃と先送り
2016年03月15日	ETFの年間購入額を3兆円→3.3兆円に増額
2016年04月28日	物価目標の到達時期を2017年度中と先送り
2016年07月29日	ETFの年間購入額3.3兆円→6兆円に増額
2016年09月21日	長短金利操作付き量的質的金融緩和の導入、ETFの日経225、TOPIX等の買入比率を見直し
2016年11月01日	物価目標の到達時期を2018年度頃と先送り
2017年07月20日	物価目標の到達時期を2019年度頃と先送り
2018年03月20日	雨宮正佳、若田部昌澄副総裁が就任
2018年04月09日	黒田日銀総裁が再任
2018年04月27日	展望レポートで物価目標の到達時期のめどを削除
2018年07月31日	政策金利のフォワードガイダンス導入、長期国債・ETF・J-REITの買入柔軟化、ETFの購入比率見直しなどが決定
2018年08月02日	雨宮正佳副総裁がETF購入の弾力化に言及

出所：日銀、各種報道よりみずほ証券エクイティ調査部作成

未然に摘むことが追加緩和の目標とされました。

さらに、2016年4月28日には政府が取り組む設備投資・人材投資拡大に協力するために、年3000億円を新たに作られる設備・人材投資に積極的に取り組んでいる企業を対象とするETFに投資するとして、年間ETF購入額が3・3兆円へ引き上げられました。

そして2016年7月29日には、Brexitや新興国経済の減速を背景に海外経済の不透明感が高まっているために金融緩和を強化するとして、ETFの年購入額を約6兆円へさらに倍増しました。このときには日銀関係者のあいだでも、さすがにやりすぎとの見方もありましたが、デフレ脱却&株高政策を推進したい安倍政権との関係上、何らかの追加緩和策をやらざるを得なかったと解釈されました。

●外国人投資家から批判が強い日銀のETF購入

日銀のETF購入は、年間購入額を2016年7月に6兆円に拡大してから、外国人投資家を中心に市場関係者から批判が強まりました。安倍首相は外国人投資家と個人投資家に日本株を買ってほしかったものの、日銀が最大の買い手となるという、当初の意図とは異なる結果になっています。

２０１２年12月に第2次安倍政権が始まってからの外国人の累積購入額は、２０１５年6月初めがピークで20兆円弱でした。その後、アベノミクスへの失望などを背景に、外国人投資家は売り越しに転じたため、安倍政権発足以来の累積購入額は２０１８年9月初めに10兆円割れと、ピーク比で半減しました。

一方、日銀はＥＴＦを継続的に買い続けたため、２０１７年8月半ばに日銀は累積購入額で外国人投資家を抜きました。外国人と個人投資家が日本株を売る一方、日銀が最大の買い手になっているということは株式市場の社会主義化を意味し、外国人投資家からは健全でないとみられています。外国人投資家、とくに米国投資家は市場原理を重視し、政府部門はできるだけ市場に介入すべきでないと考えているので、「日銀はいつまでこのような持続可能でない愚かな政策を続けるのか」という質問を受けることが多くなりました。

また、日銀がＴＯＰＩＸを中心とした株価指数のＥＴＦ購入を続けることは、構成銘柄の良い企業も悪い企業も一緒くたに買うことを意味するので、安倍政権が推進するコーポレートガバナンス改革に反するとみなされました。この点については、日銀のＥＴＦを運用している運用会社から、日銀保有分についても、決められた議決権行使基準に基づいて厳格に議決権行使をしているから、問題は生じないとの反論も出ています。

◉社会主義化が進む日本の株式市場

ＧＰＩＦは全保有銘柄、対象となる株価指数別の運用額を公表しているのに対して、日銀は対象となる株価指数も、保有個別銘柄も開示していません（日銀にはＥＴＦを購入しているので、細かい開示は必要ないとの言いわけがあるかもしれませんが）。議決権行使にしても、日銀は運用会社に丸投げしているのに対して、ＧＰＩＦは自ら議決権行使原則をつくり、法律で個別株運用はできないので、運用会社を通じてスチュワードシップ活動を行なっている点も異なります。また、資産配分目標を達成したＧＰＩＦが２０１６〜２０１７年度に国内株式を買い増さなかったのに対して、日銀は柔軟化したとはいえ、年約６兆円の目標を維持しています。

日銀のＥＴＦ購入の指数別比率の推計方法などが異なるので、証券会社によって推計結果が異なるかもしれませんが、みずほ証券では日銀だけでもアドバンテスト、ファーストリテイリング、太陽誘電で保有比率が20％を超えたと推計しました。日経平均の比重が高い銘柄の日銀保有比率が高くなっています。一方、ＧＰＩＦの場合、ＴＯＰＩＸパッシブが多いので、ＧＰＩＦの保有比率は高くても10〜11％に留まっています。

　しかし、日銀とＧＰＩＦの保有比率を合計すると、太陽誘電で27％、アドバンテストで25％、ＴＤＫで24％、トレンドマイクロで23％などと、20％を超える銘柄が出てきます。

　太陽誘電はファンダメンタルズ的にはセラミックコンデンサの成長が評価されていましたが、株式需給的には、日銀＋ＧＰＩＦが27％保有しているのに加えて、外国人が20％、投信が25％、三井住友銀行と伊予銀行が合わせて６％保有し、これらの合計保有比率は約８割に達する超品薄株です。とはいえ、太陽誘電の株価は２０１８年前半に急騰するまでの５年間は１０００～２０００円のボックス圏で推移しており、ファンダメンタルズの

図表3-3 ◉ 投資主体別の日本株保有株

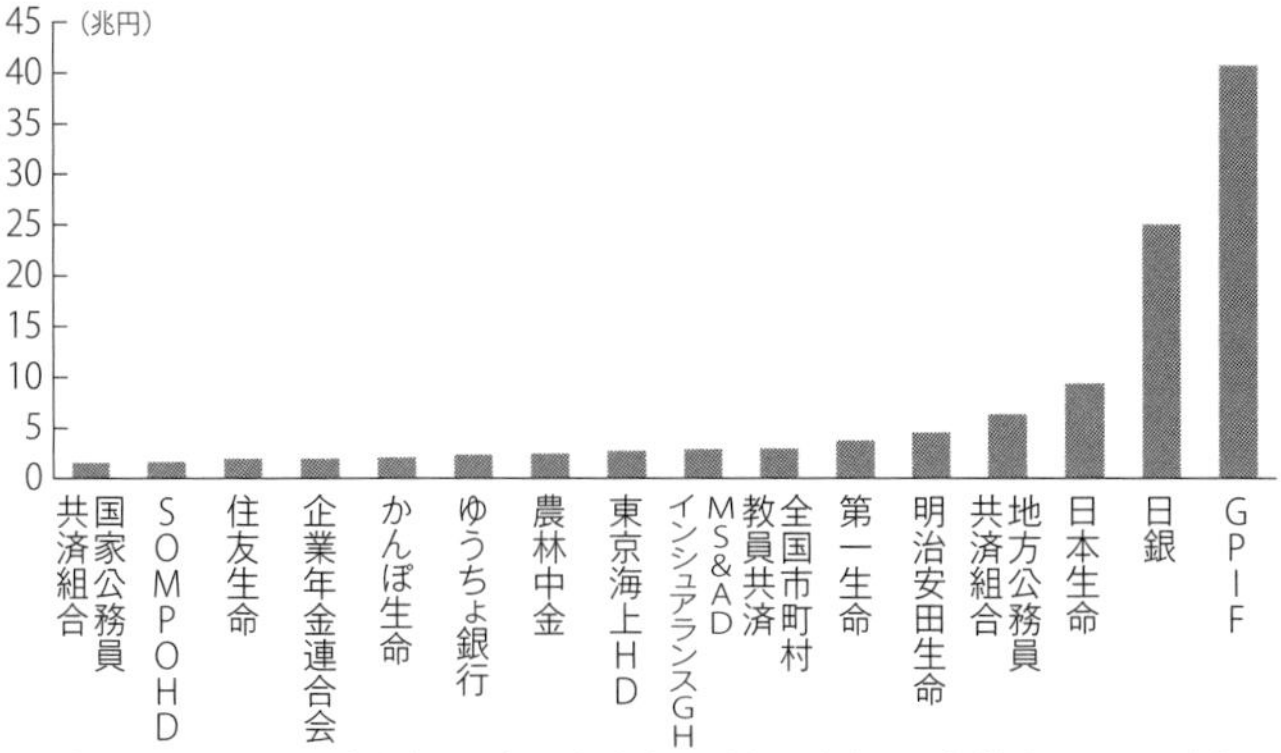

注　：2018年3月末時点、日銀の保有額は時価、生保は一般勘定のB/S計上額
出所：会社資料よりみずほ証券エクイティ調査部作成

好転がなければ、いくら品薄株でも上昇しないことを意味します。

ＴＤＫも日銀＋ＧＰＩＦの合計保有比率24％に、外国人の38％、投信の30％を足すと約9割になるので超品薄株です。

日銀は国債の5割近くを保有している一方、東証の時価総額に占める日銀の保有比率は約4％に過ぎません。しかし、個別銘柄ベースでは日銀とＧＰＩＦの保有比率が2～3割に達している銘柄もあり、株式市場の社会主義化が懸念される状況です。

◉日銀の新規ＥＴＦ購入の9割弱はＴＯＰＩＸ連動型

日銀は2018年7月31日にＥＴＦの購入対象を変更しました。

それまではＴＯＰＩＸ連動型が2・7兆円、ＴＯＰＩＸ、日経平均、ＪＰＸ日経400インデックスに連動するＥＴＦの時価総額に比例する額が3兆円でしたが、ＴＯＰＩＸ連動型を4・2兆円へ増やす一方、時価比例部分を1・5兆円へ減らしました。この合計は5・7兆円で、6兆円になりませんが、残りの3000億円は人材や設備投資に積極的な企業に投資するＥＴＦです。

ＥＴＦ購入対象は、2016年9月21日にそれまでの全額、ＴＯＰＩＸ、日経平均、Ｊ

ＰＸ日経４００に連動するＥＴＦを銘柄ごとの時価総額に比例するように購入する方式から変更して以来の変更となりました。日銀は柔軟化というあいまいな言葉で片付けますが、日経平均はファーストリテイリングはじめ浮動株が少ない株式の比重が高いので、日銀の巨額のＥＴＦ購入が個別銘柄の株価形成に与える歪みを考慮したようです。

みずほ証券ではＴＯＰＩＸ、日経平均、ＪＰＸ日経４００インデックスのＥＴＦ時価総額に比例する部分の比率をそれぞれ52％、43％、５％と推計しています。時価総額比例部分は５・７兆円のうち１・５兆円に過ぎないため、日銀のＥＴＦ購入全体（フローベース）に占める株価指

図表3-4 ◉ 日銀とGPIFのベンチマーク別の投資残高比率

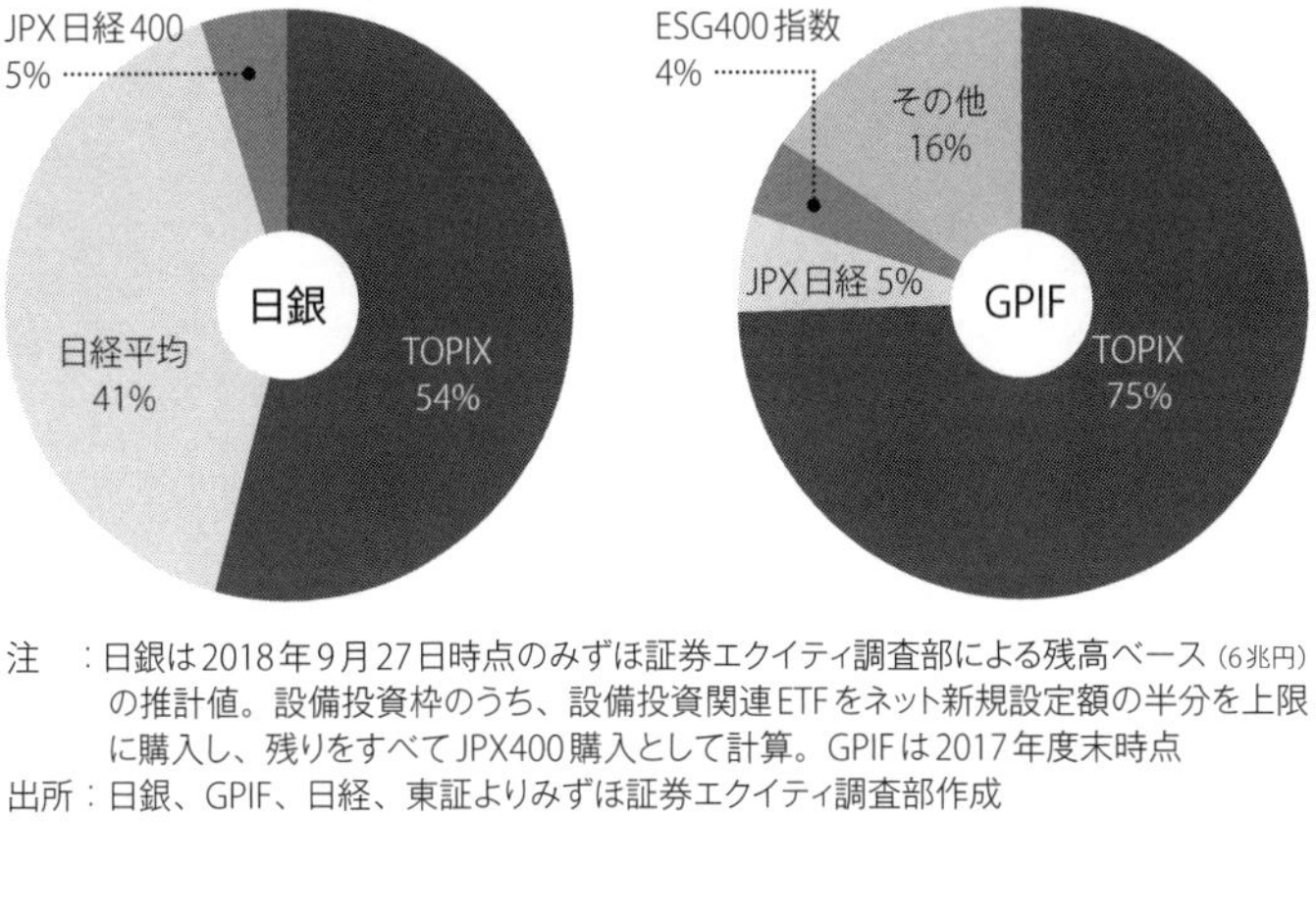

注　：日銀は2018年9月27日時点のみずほ証券エクイティ調査部による残高ベース（6兆円）の推計値。設備投資枠のうち、設備投資関連ETFをネット新規設定額の半分を上限に購入し、残りをすべてJPX400購入として計算。GPIFは2017年度末時点
出所：日銀、GPIF、日経、東証よりみずほ証券エクイティ調査部作成

数の比率はＴＯＰＩＸが87・４％、日経平均が11・３％、ＪＰＸ日経インデックス４００が１・３％と9割弱がＴＯＰＩＸ連動となりました。

日銀の株価指数ごとのＥＴＦ購入額の変更が、ＮＴレシオや中小型株の大型株に対する相対パフォーマンスに多少なりとも影響を与えます。中央銀行の政策が経済に影響を与えるのは当然だとしても、株式需給の相対パフォーマンスにまで影響を与えるのはいかがなものかと指摘されます。

◉日銀のＥＴＦ保有は約４兆円の含み益

日銀は10日に一度、営業毎旬報告でＥＴＦの保有額を公表していますが、これは簿価ベースであり、２０１８年10月31日時点で22兆円でした。日銀は日経平均が８０００円台だった２０１１年からＥＴＦを定期的に購入しているため、ＥＴＦの保有時価は26兆円と４兆円程度の含み益が出ていると推計されます。10月の日経平均急落で、日銀の含み益は急減しており、株価変動の日銀のバランスシートへの影響が大きくなっています。日銀の国内株式保有額はＧＰＩＦの41兆円に次ぎ、日本2位の大株主になっています。民間で最大生保の日本生命の株式保有額約10兆円の2倍以上です。

将来的に日経平均が大きく下落すれば、含み損に転じる可能性もあるうえ、中央銀行の株式購入については金融政策の理論面からの反対論も根強くあります。

日銀は国債の約半分を保有している一方、株式は東証1部の時価総額に占める日銀保有比率は約4％なので、株式市場ではまだ影響力が小さいと反論しますが、投資家はそうは見ていません。株式市場では5％以上を保有すれば、大量保有報告書を出す必要がありますが、このままいけば日銀の保有比率は5％を突破するのは時間の問題であるため、企業経営における日銀の株式保有の意味合いが大きくなります（ただし、日銀の保有株は信託銀行名義なので、会社四季報の株主欄などを見ても、日銀の

図表3-5 ◉ 第2次安倍政権での日銀のETF購入額合計と外国人投資家の日本株累積購入額

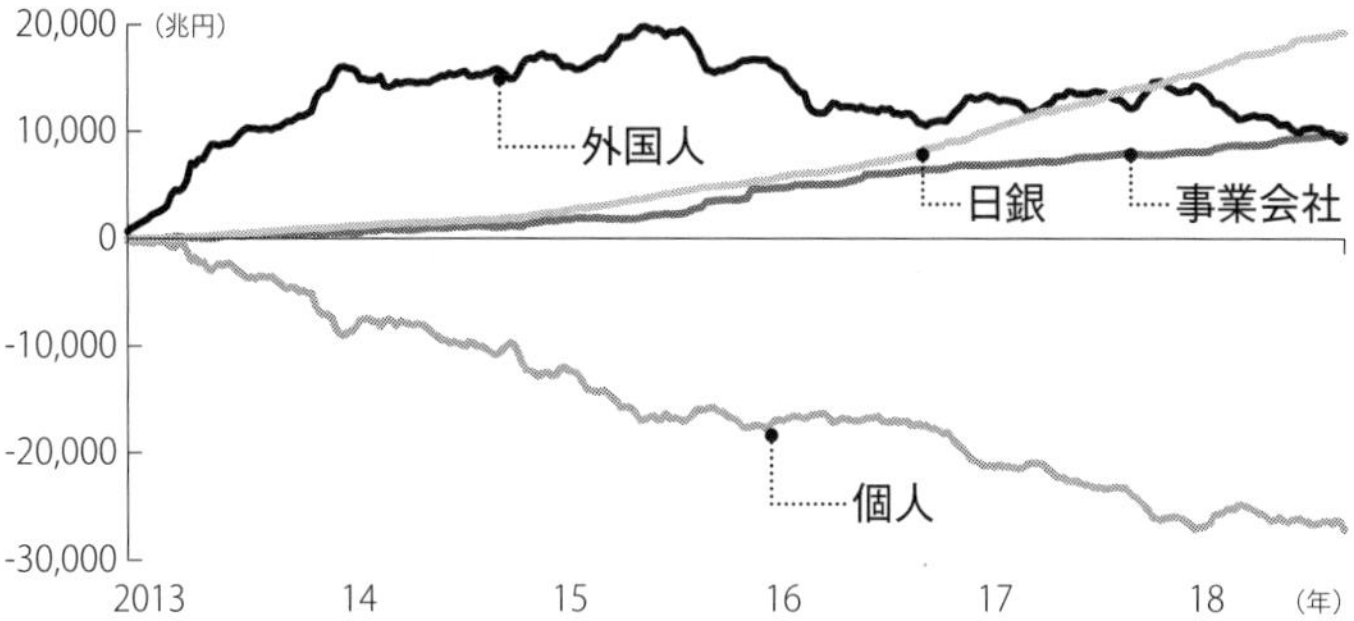

注　：二市場合計の現物のみ、個人は現金＋信用、日銀はETF購入額（設備・人材投資に積極的な企業のETFを除く）
出所：東証よりみずほ証券エクイティ調査部作成

保有先はわかりません）。

国債は保有していれば償還が来て保有額が自然に減りますが、償還期限がないＥＴＦを将来どのようにして売却するのかまったく語られていません。

◉日銀はＥＴＦ購入のステルステーパリングを開始

２０１８年8月に入って日銀がＥＴＦ購入をステルステーパリング（明言せずに縮小）しているとの見方が急速に高まりました。8月19日の日経新聞は「日銀が足元でＥＴＦの購入ペースを落としている。7月末の金融政策決定会合で年6兆円の購入額を『上下に変動しうる』と調節方針を修正したのを受けた措置とみられ、8月は従来買い入れていた株価条件のときに買っていない」と報じました。

雨宮正佳副総裁が8月2日の記者会見で、ＥＴＦ購入の弾力化に言及したことも減額見通しに拍車をかけました。実際にも日銀のＥＴＦ購入額は6月７０３０億円→7月２１１５億円→8月１４０６億円と急速に減りました。8月の購入額は日銀が２０１６年7月29日にＥＴＦ購入額を年6兆円に増やして以来、最低となりました。

それまで日銀のＥＴＦ購入は前場の日経平均変動率と相関がありました。日銀は6月には日経平均が前場に０・３％以上下落したときに、後場にＥＴＦ購入していましたが、前場に０・４％以上下落した７月20、23、30日、８月２日、15日に購入しなかったことで、日銀のＥＴＦ購入方法が変わったとの見方が広がりました。

日銀のＥＴＦ購入縮小見通しを背景に、ＴＯＰＩＸ小型株指数が年初来安値を更新しました。株式需給的にＴＯＰＩＸの中小型株が日銀のＥＴＦ購入からの恩恵を最も受けていたため、日銀のＥＴＦ購入の減額見通しが、中小型株のアンダーパフォームにつながったのです。

しかし９月に日銀は一転７０３億円×６回＝４２１８億円のＥＴＦを購入し、日経平均が下がれば買うとの姿勢を明確

図表3-6 ◉ 日経平均と日銀のETF購入額

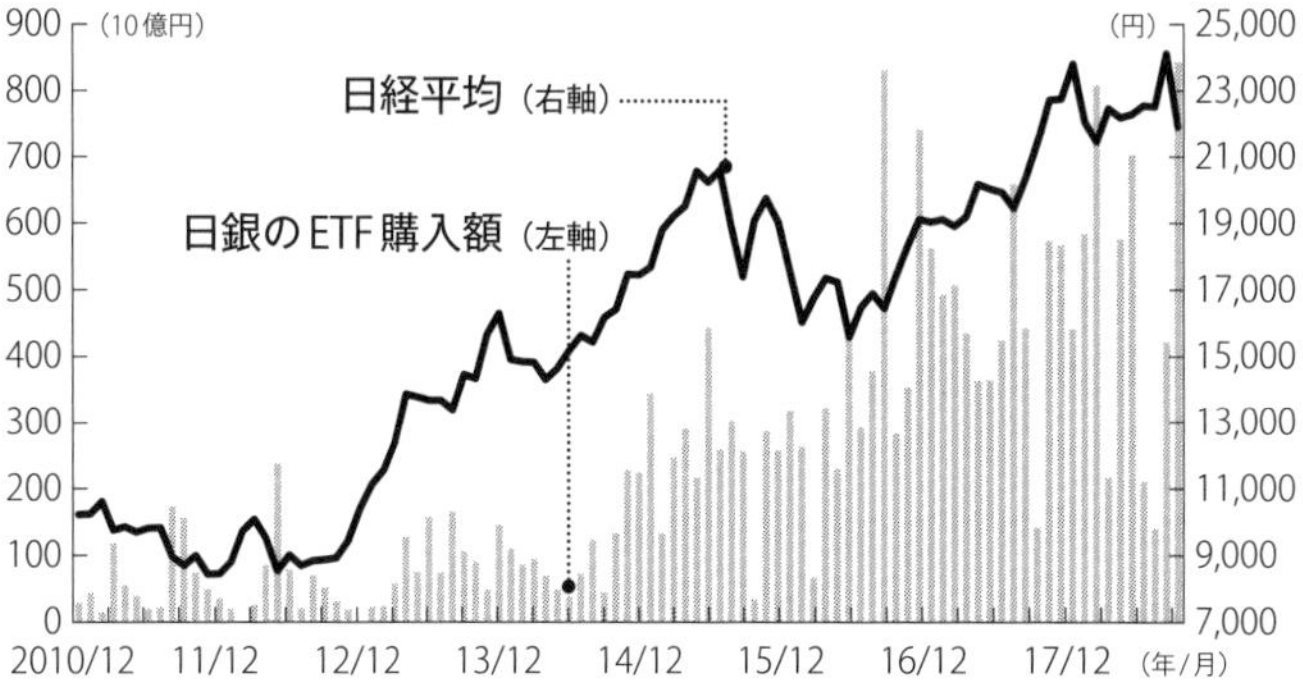

注　：ETF購入には設備・人材の投資に積極的な企業のETFを含まない、2018年10月31日時点
出所：日銀、ブルームバーグよりみずほ証券エクイティ調査部作成

にしました。日経平均が急落した10月に、日銀は月間で過去最高となる８４３６億円のＥＴＦを購入しました。

日銀は前場に日経平均が多少下がった程度では、ＥＴＦを買わなくなったことで、以前よりはダウンサイドリスクが高まるでしょうが、大きく下落する局面ではＥＴＦを購入すると予想されるため、ダウンサイドリスクは大きくないことを意味するでしょう。日銀は２０１７年から国債のステルステーパリング（目標の約80兆円に対して、最近30兆円程度しか買っていません）を行なってきましたが、日経平均は8月に下落しなかったので、日銀内部には戦略の成功との見方も出たようです。

◉１９６０年代の日本共同証券と日銀のＥＴＦ購入の類似性

米国のＦＲＢは粛々と利上げとバランスシートの縮小を行なっており、欧州のＥＣＢも２０１８年12月に国債購入プログラムを終了しました。外国人投資家は２００８年のリーマンショック以降の中央銀行の異常な緩和策を正常化するのが当然と考えています。

日銀はＥＴＦ購入を金融緩和策の一環と位置づけていますが、日銀のＥＴＦ購入を現代版ＰＫＯ（Price Keeping Operation）とみなす向きがあります。

日銀のETFの将来的な処理法を考えるうえでは、1960年代の株価支持策とその後の株式売却が参考になります。

1964年に旧日本興業銀行と富士銀行（現みずほ銀行）と旧三菱銀行が中心になって、財務省承認の下で設立された日本共同証券は、1964年3～12月に日経平均1200円維持を目的に、市場取引を通じて、当時の東証時価総額の約2・8%を購入し（現在も日銀の株式保有額は東証時価総額の約3%）、その後1965年12月から1971年1月にかけて保有株を売却しました。日本共同証券による買い支えが終了した後も、株式投信の解約が収束しなかったため、証券業界が中心になって、新たな株式凍結機関の日本証券保有組合が設立されました。日本証券保有組合は1965年1～7月に当時の東証時価総額の3・5%を保有するに至りました。

1964年1月の朝日新聞は、「欧米では株価は市場の自由な決定に任すのを当然とみているが、株価の人為的操作という日本独自の現象に外国人が戸惑っている」との記事を掲載したように、当時の株価支え策に対しても、外国人投資家の評判が悪かったことがうかがえます。日本共同証券と日本証券保有組合の保有株の売却は、相当な部分が市場を通さずに、金融機関や事業法人にはめ込まれて、現在に至る株式持合形成につながりました。

◉工夫が必要な日銀保有株の売却

日本共同証券は1965年12月から1971年1月までの、実質10％の経済成長が続いたいざなぎ好景気のあいだに保有株の売却を行ないました。好景気にもかかわらず、1966年1月から1967年12月は日経平均が下落し、高値を更新できたのは1968年9月になってからでした。

1967年の経済白書は、1株利益が1966年1月より急上昇したにもかかわらず、株価が低迷した理由として、日本共同証券と日本証券保有組合などの存在を挙げました。すなわち、実体経済や企業業績が良好でも、株式需給の悪化が、日経平均の上値を抑制しました。また、1967年12月の読売新聞は、日本共同証券の凍結株の放出見通しが市場に流れて、市場が「凍結株ノイローゼ」になっていると指摘しました。

今回の日銀のETF購入の場合、黒田東彦日銀総裁は出口戦略について語るのは時期尚早との立場を崩していません。日銀保有の巨額のETFを市場売却するのは現実的でないので、政府・日銀は個人投資家などに有利な条件をつけて、市場外で売却するか、ETFを個別株に分解して企業に自社株買いをしてもらうなどの別の手段を考える必要があるでしょう。後者では、自社株買いできるのは優良企業でしょうから、自社株買いの後に、日銀のポートフォリオにはボロ株ばかり残る可能性があります。日銀はＥＴＦを売却する必要はなく、永遠に塩漬けすればよいとの指摘もありますが、日銀の保有株が固定株とみなされると、浮動株調整を行なうＴＯＰＩＸなどの株価指数では日銀の保有比率が高い銘柄の比重が下がるという弊害が生じます。

◉日銀の将来的なＥＴＦ売却には数十年かかる可能性

以前にも日銀は、不良債権問題が大きかった２００２年11月から２００４年９月までと、２００９年２月から２０１０年４月までのあいだに、銀行から保有株式を買い入れました。ＥＴＦ購入は２％物価目標達成のために行なっているのに対して、銀行からの株式購入は金融システムの安定確保が目的でした。

２００２年11月～２００４年９月の買入は株式保有額が Tier1 を超えている銀行を対象に、２兆円の株式を買い取りました。買い入れた株式は２００７年10月から市場で売却を開始しましたが、リーマンショックが起きたため、２００８年10月に売却を停止しました。逆にリーマンショック後の株価急落で金融システムが不安定化するのを防止するために、

2009年2月～2010年4月に株式保有額が Tier1 の5割または5000億円を超える銀行等を対象に、3878億円の株式を買い入れました。

日銀は2007年7月に決定し、その後数回にわたって改正した株式処分の指針で、株式売却は取引所市場での売却、発行会社の自社株購入の要請に応じる処分、公開買付けに応じる処分を行なうとしました。その後、2015年12月に日銀は2016年4月以降開始する株式売却の完了時期を当初の2021年9月末から、2026年3月末まで延長し、10年間にわたって処分すると発表しました。

日銀は営業毎旬報告でバランスシートを開示していますが、そこで銀行から買い取った株式は信託財産株式、ETFは信託財産ETFと表示されています。ともに実際の株式売買のオペレーションは信託銀行に委託されているためです。日銀は市場売却や自社株買いに応じることで、ピーク時に2兆円超あった信託財産株式を2018年10月31日末に937億円へ減らしました。2兆円の保有株式ですら10年かけて売却しているので、すでに26兆円保有するETFを同ペースで売却するのであれば、100年かかると揶揄されることもあります。安倍首相が2018年9月の自民党総裁選の公開討論会で、3年間の任期中に金融緩和の正常化に道筋をつけたいと述べたことで、今後3年間で日銀のETF購入の停止と将来的な処分方法が議論される可能性があるでしょう。

●COLUMN

スイス国立銀行の株式投資

中央銀行が株式を購入するのは極めて稀ですが、スイスの中央銀行であるスイス国立銀行も外貨準備の運用の一環として、2005年から株式投資をしています。

スイスフランは円と同様に、世界的なリスクオフになるときに安全資産として買われることが多く、スイス国立銀行はスイスフラン売り介入と同時に、対外証券投資を増やしてきました。急激なスイスフラン高が進んだ2010年以降、スイス国立銀行の株式投資は増えました。2010~2017年に株式投資残高は約7倍に増えて、総資産に占める比率も8%から18%に高まりました。日銀の総資産も名目GDPを上回る規模になりましたが、スイス国立銀行の総資産の名目GDP比は1・3倍と、日本以上に大きくなっています。

スイス国立銀行の株式保有額は2017年末に約18兆円と、日銀のETF保有額の約27兆円は下回ります。一方、日銀の総資産に占める保有ETFの比率は5%弱ですが、スイス国立銀行では総資産に占める株式比率が18%に達しています。

また、日銀はパッシブ運用しかしませんが、スイス国立銀行はアクティブ運用を行なっており、米国のFANG株では大株主になっています。日銀はパッシブ運用なので間接的に銀行株を買っていますが、スイス国立銀行は利益相反を避けるために、金融株を買わないことを方針にしています（スイス国立銀行は日銀同様に株式市場に上場しています）。また、スイス国立銀行は外貨準備の一環だから外国資産にだけ投資しているので、日本株にしか投資しない日銀とは異なります。

ＦＡＮＧ株の上昇などを背景に、スイス国立銀行は２０１７年に大幅増益を達成しましたが、スイス国立銀行は個別銘柄や国別の株式資産配分を開示していません。日銀もコーポレートガバナンスが悪い銘柄までパッシブ運用で投資するよりも、アクティブで運用すべきとの指摘もあります。

HOW SIGNIFICANT ARE STOCK INDICES FOR INVESTORS?

株価指数を取引するときに知っておきたいポイント

◉日経平均のテクニカル分析では200日移動平均に注目

日経平均のテクニカル分析では日本人は25日、75日、13週、26週、52週などの移動平均を重視することが多く、ヤフーファイナンスのチャートでもこれらの移動平均がデフォルトで付いています。一方、外国人投資家は200日移動平均を重視する傾向があります。

中期的な移動平均線を短期移動平均線が下から上へ突き抜けるときはゴールデンクロス、逆に上から下へ突き抜けるときはデッドクロスと呼ばれ、それぞれ強気相場、弱気相場の始まりとして注目されています。また、日経平均の上値抵抗線、下値抵抗線が収束した後に、上昇すれば三角保合いを上放れ、逆に下落すれば、三角保合いを下放れといわれます。

ただ、日経平均とＴＯＰＩＸで異なるテクニカルなシグナルを出していることもあるので、様々な株価指数のテクニカルチャートを見る必要があります。

移動平均線はＷＥＢで簡単に見ることができますし、紙のチャートであれば、自分で傾向線を引くことも可能なので、個人投資家でもできる手軽な分析です。

しかし、誰でも手軽にできるということは、簡単に儲けることはできないことを意味します。そのため、独自のテクニカル指標をつくっている調査機関もあります。みずほ証券が提携している英国の独立系調査会社のAbsolute Strategy Researchは、単なるテクニカルな要因だけでなく、投資家心理も組み込んだSentiment Barometer Indicator（ＳＢＩ）という独自の指標を、日経平均を含む世界の株価指数や日経平均の個別銘柄について算出しています。ＳＢＩがゼロに近づけば売られ過ぎ、１００に近づけば買われ過ぎという意味です（ＳＢＩはAbsolute Strategy Researchと契約するか、みずほ証券の取引先でないと見ることができません）。

さきほど、外国人投資家は中期的なトレンドを見るために、２００日移動平均を重視する傾向があると書きましたが、日経平均も２００日移動平均±20％の範囲内で動いています。２００日移動平均との乖離率が＋20％に近づけば、過熱を示唆し、短期的に下落する可能性が高いことを意味します。ただ、日経平均の２００日移動平均のトレンドを決めるのはあくまでファンダメンタルズであり、テクニカル分析は短期的な相場のあやを示すに過ぎないといえます。

◉日経平均のシグナルになる信用評価損益率

「信用倍率」は信用買い残÷信用売り残で計算されます。株価指数は右肩上がりで予想されることが多いので、信用倍率は1倍を超えている（信用買い残のほうが多い）ことが一般的です。信用倍率が低いと、信用売り（空売り）の買い戻しが期待されるため、信用取引の取組みが良いといわれます。東京証券取引所は毎週金曜日申し込み時点の信用取引残高を、翌週火曜日に発表しています。信用倍率は株数ベースと金額ベースがあります。２０１８年９月21日時点の東京証券取引所と名古屋証券取引所合計の信用倍率（金額ベース）は２・６２倍と、１年ぶりの低水準でした。

買い方の「信用評価損益率」は信用取引の買い方の評価損益率であり、-20％以下の場合に日経平均の底入れの目安、逆に０％に近づくと相場の天井とみられることが多くなっています。日経朝刊は毎週木曜日に前週金曜日時点の２市場買い残の評価損益率を掲載します。

空売り比率は１日の売り注文全体の売買代金に対する空売り（信用取引を含む）の売買代金

の比率のことであり、東京証券取引所が毎日16時にWEBに発表します。空売り比率はアベノミクスが始まる前は20％台でしたが、株価が大きく上がったこともあり、その後40％前後で推移することが多くなっています。空売り比率は２０１８年10月23日に50・８％と、２００８年の統計開始以来最大値をつけました。

◉日経平均が1日に1000円以上動くのは極めてまれ

日経平均プロフィルのWEBには、日経平均の様々なデータが入っています。

１日の日経平均の上げ幅として最も大きかったのは、１９９０年10月２日の２

図表3-7◉信用評価損益率と日経平均

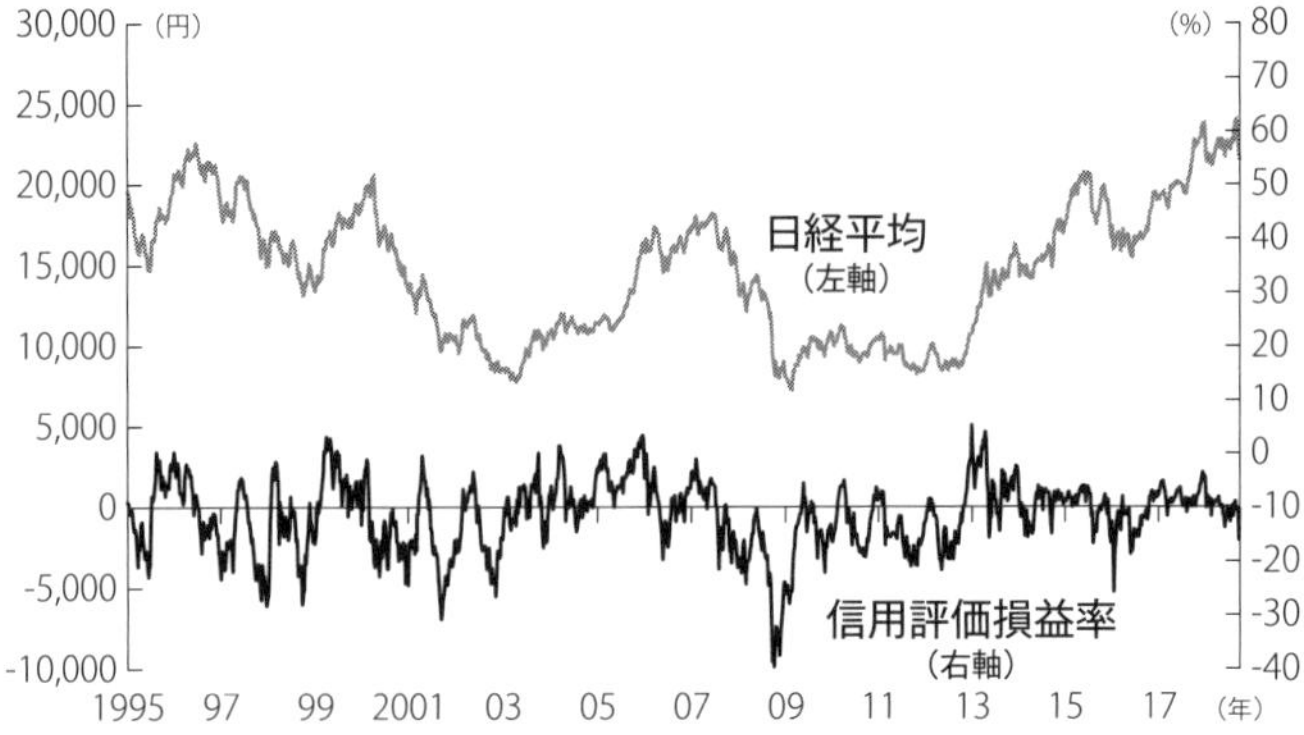

注　：日経平均は週平均、2018年10月31日時点
出所：東証よりみずほ証券エクイティ調査部作成

677円でした。日経平均の上げ幅上位10のうち5回は1990年代前半でしたが、1990年代前半のバブル崩壊以降に日経平均の水準が高いなかで、日経平均の上げ幅上位10に入るような乱高下が多くあったということです。2位はブラックマンデー直後の1987年10月21日の2037円でした。この日は前日に日経平均が3836円急落した反動でした。日経平均が1日に2000円以上上がったのは両日だけでした。

アベノミクス始まって以来で、日経平均の上昇幅の上位10に入ったのは、2015年9月9日の1343円でした。日経平均は2015年8月に中国経済への懸念から急落した後、9月に買い戻しが入り、上昇幅が大きくなりました。2016年2月15日と同年11月10日にも、日経平均が1日に1000円以上上昇しましたが、1日に1000円以上上がったのは、過去に19回しかありません。2016年2月は前半に日経平均が2000円以上急落していたため、円安で日経平均が自律反発しました。同年11月10日はトランプ大統領の当選直後の米国株の急騰を受けての日経平均の急反発でした。

逆に、日経平均の1日の下落幅として最大だったのは、ブラックマンデー時の1987年10月20日の3836円でした。日経平均の下落幅上位10は、ブラックマンデー直後と1990年代前半のバブル崩壊時に多くなっています。この両期間以外で日経平均の下落幅上位10に入ったのは、2000年4月17日のITバブル崩壊時と、2016年6月24日の

Brexit時のみでした。日経平均の上げ幅・下落幅ともに、1日の値動きとして1000円以上動くのは極めて珍しいといえます。

◉リーマンショック後には1日10％以上変動の乱高下が続いた

日経平均の上昇率で最も大きかったのは、リーマンショック直後の2008年10月14日の14・2％でした。日経平均の1日の上昇率が10％を超えたのは3回だけでした。日経平均の上昇率上位10に入ったのは、リーマンショック直後に加えて、資産バブル崩壊やブラックマンデーの後が多く、アベノミクスが始まって以来で上昇率上位10に入ったのは、2015年9月9日の7・7％の上昇率のみでしたが、これは上昇幅でも上位6位に入りました。

日経平均の1日の下落率で10％を超えたのは4回のみでした。日経平均の下落率最大は1987年10月20日の14・9％でした。2位はリーマンショック直後の2008年10月16日の11・4％、3位は東日本大震災時の2011年3月15日の10・6％、4位は1953年3月5日のスターリン暴落の10％でした。5～7位もリーマンショック直後だったので、リーマンショックがいかに歴史上稀に見るイベントだったのかがわかります。

図表3-8 ◉ 日経平均の上昇幅・上昇率と下落幅・下落率のランキング

上昇幅・上昇率ランキング

順位	年月日	日経平均終値（円）	上昇幅（円）	年月日	日経平均終値（円）	上昇率（%）
1	1990/10/02	22,898	2,677	2008/10/14	9,448	14.15
2	1987/10/21	23,947	2,037	1990/10/02	22,898	13.24
3	1994/01/31	20,229	1,471	1949/12/15	110	11.29
4	1990/03/26	31,840	1,468	2008/10/30	9,030	9.96
5	1990/08/15	28,112	1,440	1987/10/21	23,947	9.30
6	2015/09/09	18,771	1,343	1997/11/17	16,283	7.96
7	1992/04/10	17,851	1,253	1994/01/31	20,229	7.84
8	1988/01/06	22,791	1,215	2008/10/29	8,212	7.74
9	1997/11/17	16,283	1,201	2015/09/09	18,771	7.71
10	2008/10/14	9,448	1,171	1992/04/10	17,851	7.55
11	1990/04/09	30,398	1,119	2001/03/21	13,104	7.49
12	1990/09/10	25,081	1,119	2016/02/15	16,023	7.16
13	2016/11/10	17,344	1,093	2016/11/10	17,344	6.72
14	2016/02/15	16,023	1,070	2008/10/28	7,622	6.41
15	1991/12/13	22,755	1,042	1953/04/16	355	6.41
16	1990/11/13	23,974	1,042	1953/03/06	362	6.31
17	1990/04/06	29,279	1,030	2008/11/04	9,115	6.27
18	1992/08/27	17,555	1,013	1995/07/07	16,213	6.27
19	1991/01/17	23,447	1,004	1992/08/21	16,217	6.22
20	1990/08/27	25,142	976	1998/10/07	13,826	6.17

下落幅・下落率ランキング

順位	年月日	日経平均終値（円）	上昇幅（円）	年月日	日経平均終値（円）	上昇率（%）
1	1987/10/20	21,910	-3,836	1987/10/20	21,910	-14.90
2	1990/04/02	28,002	-1,978	2008/10/16	8,458	-11.41
3	1990/02/26	33,322	-1,569	2011/03/15	8,605	-10.55
4	1990/08/23	23,738	-1,473	1953/03/05	340	-10.00
5	2000/04/17	19,009	-1,426	2008/10/10	8,276	-9.62
6	1991/08/19	21,457	-1,358	2008/10/24	7,649	-9.60
7	1990/03/19	31,263	-1,353	2008/10/08	9,203	-9.38
8	2016/06/24	14,952	-1,286	1970/04/30	2,114	-8.69
9	1987/10/23	23,201	-1,203	2016/06/24	14,952	-7.92
10	1990/02/21	35,734	-1,161	1971/08/16	2,530	-7.68
11	1990/08/13	26,176	-1,153	2013/05/23	14,484	-7.32
12	2013/05/23	14,484	-1,143	2000/04/17	19,009	-6.98
13	1990/09/26	22,251	-1,109	1949/12/14	99	-6.97
14	1987/10/26	22,203	-1,096	2008/11/20	7,703	-6.89
15	2008/10/16	8,458	-1,089	2008/10/22	8,675	-6.79
16	1990/08/22	25,211	-1,087	1953/03/30	319	-6.73
17	2018/02/06	21,610	-1,072	2001/09/12	9,610	-6.63
18	1995/01/23	17,785	-1,055	1972/06/24	3,421	-6.61
19	1990/03/30	29,980	-1,046	1990/04/02	28,002	-6.60
20	2011/03/15	8,605	-1,015	2008/11/06	8,899	-6.53

注　：2018年10月31日時点
出所：日経平均プロフィルよりみずほ証券エクイティ調査部作成

Brexit直後の2016年6月24日が下落率9位に入りましたが、この日は下落幅では歴代8位でした。

こうしてみると、日経平均の過去の急落局面は良い買い場となってきたので、世界経済が破滅でもしない限り、急落した局面では目をつぶって買うのがよいでしょう。

●COLUMN

相場急落時に発動されるサーキットブレーカー

「サーキットブレーカー」とは元々、電気回路の遮断器のことですが、証券市場でいうサーキットブレーカーとは、相場が過熱したときに取引所が投資家に冷静な判断の機会を設けるために取引を一時中断する措置をいいます。

制限値幅の上限または下限をつけた後、1分間経過しても同水準の近くにあった場合に発動され、10分間取引が中断されます。サーキットブレーカーの制度は、米国で1987年のブラックマンデーをきっかけにニューヨーク証券取引所で取り入れられ、東京証券取引所と大阪証券取引所では、1994年2月14日から導入されました。

近年では2016年6月24日のBrexit決定で大阪取引所の日経平均先物9月物取引で、一時清算値に比べ1330円安い1万4840円まで下げた時点でサーキットブレーカーが発動されました。この日の日経平均は終値で前日比1286円安と、1日の下落幅としてはリーマンショック時を越えて、ITバブル時の2000年4月17日以来の下落幅になりました。

ニューヨーク証券取引所では2008年9～10月に何度も発動されました。ニューヨーク証券取引所では、ある銘柄が5分間に10％以上急落した際に、その銘柄の取引が5分間停止されます。ニューヨークダウは10％、20％急落した場合、それぞれ全銘柄の取引が30分、60分間停止されることになっていますが、ニューヨークダウの過去最高の下落率は、まさにサーキットブレーカーが導入されるきっかけになったブラックマンデー時の22・6％の急落でした。

◉日経平均の10日以上の連騰、8日以上の連敗は珍しい

日経平均の連続上昇記録1位は、まだ記憶に新しい2017年10月2日～24日の16連騰です。世界経済環境の改善に加えて、自民党が衆議院選挙に勝利したことで、アベノミク

図表3-9 ◉ 日経平均の連続上昇・連続下落日数ランキング

連続上昇日数ランキング				連続下落日数ランキング			
順位	日数	開始日	終了日	順位	日数	開始日	終了日
1	16	2017/10/02	2017/10/24	1	15	1954/04/28	1954/05/18
2	14	1960/12/21	1961/01/11	2	13	1949/11/14	1949/11/29
3	13	1988/02/10	1988/02/27	3	12	2008/06/19	2008/07/04
4	12	2015/05/15	2015/06/01	3	12	1953/05/21	1953/06/03
4	12	1986/03/01	1986/03/15	5	10	1965/02/19	1965/03/02
4	12	1953/01/05	1953/01/19	5	10	1956/08/07	1956/08/17
4	12	1952/06/24	1952/07/07	7	9	2009/07/01	2009/07/13
8	11	1979/11/22	1979/12/05	7	9	2004/09/15	2004/09/29
8	11	1960/11/01	1960/11/14	7	9	2002/12/04	2002/12/16
10	10	1986/08/07	1986/08/20	7	9	1991/11/13	1991/11/25
10	10	1982/12/23	1983/01/08	7	9	1968/10/30	1968/11/08
10	10	1982/10/30	1982/11/11	7	9	1954/01/12	1954/01/22
10	10	1972/05/20	1972/05/31	7	9	1953/03/23	1953/04/01
10	10	1971/12/17	1971/12/28	7	9	1949/06/06	1949/06/15
10	10	1961/06/17	1961/06/28	15	8	2007/11/02	2007/11/13
10	10	1961/03/23	1961/04/03	15	8	2000/08/29	2000/09/07
10	10	1957/12/28	1958/01/14	15	8	1998/08/03	1998/08/12
10	10	1957/06/05	1957/06/15	15	8	1986/10/13	1986/10/22
10	10	1954/12/21	1955/01/06	15	8	1982/08/04	1982/08/12
10	10	1953/07/23	1953/08/03	15	8	1982/06/02	1982/06/10

注　：2018年10月31日時点
出所：日経平均プロフィルよりみずほ証券エクイティ調査部作成

スの加速期待が、外国人投資家の日本株買いを増やしたことが連騰記録の背景でした。このときの日経平均の強い勢いを見て、2018年中に日経平均が3万円に達すると思った人もいたようです。他の日経平均の連騰記録は1950～1960年代や1980年代が多くなっています。12連騰は4回ありますが、うち2015年5月の記録は、好調な企業業績やコーポレートガバナンス改革期待を背景に、外国人投資家の日本株買いが増えたためでした。日経平均の10連騰は過去に11回ありました。

一方、日経平均の連続下落記録で最長だったのは1954年4月～5月の15日続落でしたが、この時期はスターリン暴落後のデフレ不況時期でした。2位は1949年11月の13日続落でしたが、ドッジデフレと財閥解体等による株式需給の悪化などがその理由でした。日経平均の連続下落期間は1989年の資産バブルのピーク時以前が多く、アベノミクス開始以来は日経平均の8日以上の連続下落のランキングに入った期間はありません。

◉日経平均の年間、月間変化率

日経平均の年間上昇率で最も大きかったのは1952年の118％でした。日米平和条約が発効し、資産再評価による無償増資の増加が株価上昇要因になりました。日経平均の

図表3-10 ◉ 日経平均の年間・四半期・月間変化率ランキング

年間変化率ランキング

順位	日付	日経平均（円）	上昇率（%）	日付	日経平均（円）	下落率（%）
1	1952年	363	118.4	2008年	8,860	-42.1
2	1972年	5,208	91.9	1990年	23,849	-38.7
3	1951年	166	62.9	2000年	13,786	-27.2
4	2013年	16,291	56.7	1992年	16,925	-26.4
5	1960年	1,357	55.1	2001年	10,543	-23.5
6	1986年	18,821	43.9	1997年	15,259	-21.2
7	1958年	667	40.5	2002年	8,579	-18.6
8	2005年	16,111	40.2	2011年	8,455	-17.3
9	1988年	30,159	39.9	1973年	4,307	-17.3
10	1969年	2,359	37.6	1970年	1,987	-15.8

四半期変化率ランキング

順位	日付	日経平均（円）	上昇率（%）	日付	日経平均（円）	下落率（%）
1	1952年4-6月	246.2	40.2	1990年7-9月	20,984	-34.3
2	1952年10-12月	363	34.9	1949年10-12月	109.9	-32.7
3	1953年7-9月	451	30.2	2001年7-9月	9,775	-24.6
4	1995年7-9月	17,913.1	23.4	1990年1-3月	29,980	-23.0
5	2009年4-6月	9,958	22.8	2008年10-12月	8,859.6	-21.3
6	1951年1-3月	124.5	22.2	2008年1-3月	12,525.5	-18.2
7	1950年7-9月	105.0	21.8	1995年1-3月	16,140	-18.2
8	1988年1-3月	26,260	21.8	1992年4-6月	15,952	-17.5
9	1986年1-3月	15,860	21.2	1963年7-9月	1,302	-17.1
10	1960年1-3月	1,059	21.1	1987年10-12月	21,564	-17.1

月間変化率ランキング

順位	日付	日経平均（円）	上昇率（%）	日付	日経平均（円）	下落率（%）
1	1953年1月	456	25.9	2008年10月	8,577	-23.8
2	1949年8月	175	20.9	1953年3月	307	-21.7
3	1990年10月	25,194	20.1	1990年9月	20,984	-19.2
4	1950年8月	115	17.4	1949年6月	147	-16.8
5	1952年10月	313	16.5	1993年11月	16,407	-16.7
6	1986年3月	15,860	16.3	1990年8月	25,978	-16.3
7	1994年1月	20,229	16.1	1970年4月	2,114	-16.2
8	1950年2月	107	16.1	1950年1月	93	-15.8
9	1952年4月	203	15.5	1953年2月	392	-14.1
10	1995年7月	16,678	14.9	2008年9月	11,260	-13.9

注　：1949年3月~2018年8月時点
出所：ブルームバーグよりみずほ証券エクイティ調査部作成

上昇率が2番目に大きかったのは1972年の92％で、財政拡大と金融緩和を背景に資産インフレ、過剰流動性相場が起きました。日経平均の上昇率が3番目に大きかった1951年の63％に次いで、アベノミクスが始まった2013年の上昇率57％が4位に入っています。

逆に、日経平均の下落率が大きかった年のランキングは、リーマンショックが起きた2008年の-42％、資産バブルが崩壊した1990年の-39％、ITバブルが崩壊した2000年の-27％の順でした。

日経平均の月間上昇率では15％以上上昇すると上位10に入りますが、上位ランキングに入るような大幅上昇率は1950年代が多数でした。逆に、日経平均の月間下落率が最も大きかったのは2008年10月のリーマンショック時の-24％でした。

1990年のバブル崩壊以降の日経平均の連続月間上昇期間としては、小泉郵政解散があった2005年5月～2006年1月と、アベノミクスが始まった2012年8月～2013年4月の9カ月連続の上昇が最長だった一方、連続月間下落期間ではリーマンショックがあった2008年6～11月の6カ月連続が最長でした。通常、日経平均は5カ月連続上昇や4カ月連続の下落は稀なので、連続月間上昇・下落が続いた場合は短期的には反対売買を検討すべきでしょう。

◉日経平均は4月に高く、9月に安いことが多い

前著『日本株を動かす外国人投資家の儲け方と発想法』でも書いたことですが、外国人投資家は4月に日本株を買い、9月に売り越す傾向があります。

2018年4月を含めて、外国人投資家の4月の日本株買い越しは18年連続になりました。2000年～2017年に、日経平均を4月に買って9月に売った場合、平均リターンはマイナス2・7％だった一方、9月に買って4月に売った場合の平均リターンはプラス6・3％でした。

ニューヨークダウは2018年4月まで4月に13年連続で上昇しており、米国株の上昇→外国人投資家の日本株買い→日経平均の上昇という展開が4月に起きているといえそうです。米国株の季節性が外国人投資家の行動を通じて日経平均の季節性をつくり出しています。

かつて米国株は年末年始高というイメージがありましたが、過去10年間のニューヨークダウは12月こそ7勝3敗だったものの、1月は5勝5敗に留まりました。米国株が年末年始に上がりやすかった理由は、年末の税金支払いのタイミングや、年初にその年の景気に

ついて楽観的な見通しが出やすいことが挙げられましたが、4月に上昇しやすい理由は業績予想の上方修正などでしょう。逆に、秋の低パフォーマンスは、年初の高い期待が萎むことや、リーマンショックやブラックマンデーなど不吉なイベントが起こりやすかったことを投資家も意識していることなどが背景でしょう。

1949年以降で日経平均の上昇確率は4月が68%と最も高い一方、8月が43%と最も低くなりました。世界経済が成長するなかで何らかの理由で8~9月に外国人投資家売りで日経平均が下落したら、買い場と考えて思い切って買って、「セル・イン・メイ」(5月に売れ)の前に4月に売るのがよいでしょう。

図表3-11 ◉ 過去10年の日経平均の前月比変化率と外国人投資家の日本株買い越し額

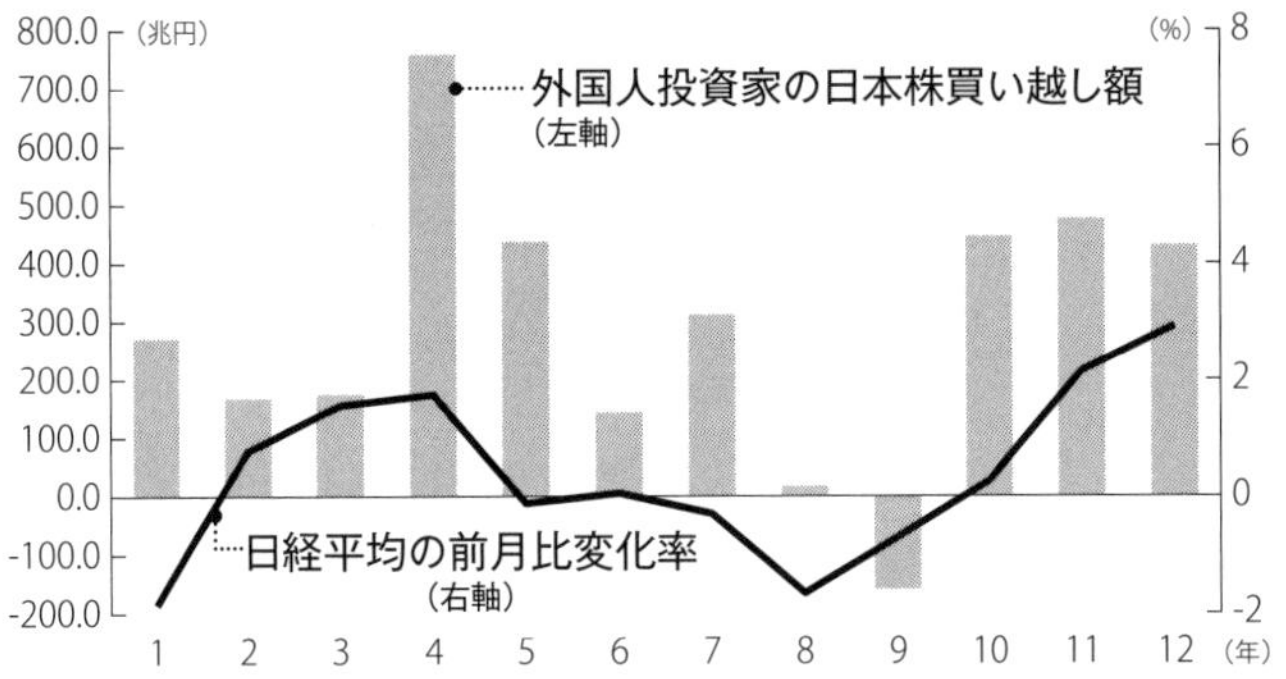

注　：2001年-2017年の各月の平均、買い越し額は二市場合計の現物のみ
出所：東証、ブルームバーグよりみずほ証券エクイティ調査部作成

◉日経平均の「掉尾《とうび》の一振《いっしん》」は毎年起きるのか?

株式市場には昔から「掉尾の一振」という言葉があります。日本語の意味で、掉尾とは「物事が最後になって勢いの盛んになること」をいい、年末の大納会に向けて日経平均が上昇することを指します。年末高になる理由としては、新年相場への期待感、年末の節税対策の売りが一巡して売り圧力が減少、あるいはファンド等による期末のドレッシング買いに加えて、年末高はよく知られたアノマリーなので、それに乗ろうとする投資家の行動があることなどが挙げられます。

ただし、「掉尾の一振」が12月の株高をいうのか、12月最終週の株高をいうのか、最終取引日の大納会の上昇を意味するのかは人によって異なります。2018年9月5日の日経朝刊も「株、年末高のシナリオ」との記事で、2014年、2016年、2017年のように日経平均の年末高が期待できると述べました。

安倍政権になってからの日経平均の年末相場を振り返ると、2012年はアベノミクスの期待を背景に12月の日経平均が10%上昇したうえ、大納会も112円高でした。2013年12月の日経平均は4%上昇し、円安を背景に日経平均は大納会に向けて9連騰しました。２０１４年12月は衆議院選挙での自民党の勝利見通しなどを背景に月初は上昇しましたが、大納会の日経平均は２７９円安となり、12月の日経平均はほぼ横ばいに終わりました。

２０１５年は大納会こそ、日経平均は51円高になりましたが、原油価格の急落で世界的にリスクオフとなり、12月の日経平均は４％近く下落しました。逆に、２０１６年12月はトランプ大統領の当選で世界的に株価が上昇し、日経平均も12月に４％超上昇しましたが、大納会は31円安でした。２０１７年12月は米国の税制改革法案の成立で、米国株価指数が史上最高値を更新したことなどから、日経平均も12月25日に26年ぶりの高値を更新しましたが、12月を通じてはほぼ横ばいで、大納会も19円安でした。クリスマス休暇以降は、外国人投資家の参加が減り、売買代金が細ることが多いですが、２０１７年も12月26日以降東証１部の売買代金は２兆円割れとなりました。

以上は安倍政権やトランプ政権の株高の期間ですが、日本の民主党政権時も振り返ると、２０１１年12月の日経平均は中国経済の減速懸念などを背景に、高安の差が４２６円という狭いレンジでの動きでした。２０１０年12月の日経平均は円安や米国株高を背景に３％上昇しましたが、大納会は１１６円安でした。２００９年12月の日経平均は１万円前後の動きでしたが、日銀の金融緩和や円安を背景に、日経平均は13％も上昇しました。

このように、近年の日経平均は12月に上昇することが多かったのは、政策変更や米国株高に依存することが多かった結果といえます。

◉大発会の日経平均と1月相場

通常1月4日に始まる大発会の日経平均は、日本の正月期間中の米国を中心とする海外市場の動向に依存します。また大発会の日経平均のパフォーマンスと、通年のパフォーマンスは相関がないことが知られています。

2018年大発会の日経平均は正月休み期間中の海外株高を受けて、741円の大幅高で始まり、1月5日も208円上昇し、2日間で1000円近く上昇しました。1月23日には26年ぶりに2万4000円台を回復し、年内に3万円に達するとの強気見通しも出ましたが、2018年の日経平均はボックス圏に終始しました。

2017年大発会の日経平均も480円高の幸先良いスタートになりましたが、日米貿易摩擦懸念などから1月の日経平均は小幅安でした。

逆に、2016年大発会の日経平均は583円安と2008年の616円安以来の大幅安で始まり、戦後初の大発会以来6日続落となり、1月に8%の大幅安になりましたが、

2016年通年で日経平均は上昇しました。

2015年大発会の日経平均はデフレ懸念などを背景に321円安だったものの、1月は1%強上昇しました。

2014年大発会の日経平均は前年末の9連騰の反動から382円安で始まり、1月は新興国への懸念などを背景に8%超下落しました。

2013年の大発会の日経平均はアベノミクスへの評価を背景に293円高の大幅高で始まり、1月に7%超上昇しました。

民主党政権時代だった2010～2012年の大発会の日経平均はいずれも100円以上上昇しましたが、通年で日経平均は下値模索でした。

以上のように大発会の日経平均はまちまちですが、1月または通年のパフォーマンスとの関係はあまりないようです。

◉日経平均先物は夜に動く

日経平均先物の大阪証券取引所での取引時間は8時45分から15時15分ですが、24時間取引が可能になっています。シンガポール取引所（SGX）の日経平均先物の取引時間は8時

30分から15時30分で、日本とは1時間の時差があります。シンガポール取引所では15時55分から翌日の朝5時45分まで、大阪証券取引所でも16時30分から翌日朝5時30分まで夜間取引が行なわれています。シカゴ・マーカンタイル取引所（CME）では、日本時間の朝の8時から翌朝の6時15分まで取引されています。

とくにCMEの日本時間の夜間取引は米国株の動向が反映されるので、CMEの日経先物価格は翌日の日経平均に大きな影響を及ぼします（日経平均の寄り付きは、通常はCMEの終値に近い価格で取引が開始されます）。投資家は大阪証券取引所やCMEなど、どこで日経平均先物取引をするか選べますが、夜間はCMEの売買高が大きいことが多いようです。日本が祝日でも、米国市場が開いていれば、祝日にCMEで日経平均先物を取引することも可能です。

CMEやシンガポール取引所は外国人投資家だけでなく、日本の金融機関の夜間取引担当者も売買します。また、夜間取引を推進している大阪証券取引所は毎月、取引高に占める夜間取引の比率であるNS（ナイト・セッション）シェアを発表しており、2018年9月は33％でした。夜間取引をしている日本の投資家は結構多いといえます。

2016年11月8日の米国大統領選挙でトランプ大統領の当選が判明すると、円高の恐れなどから、9日に日経平均は東京市場で920円急落しましたが、10日には1092円高と急反発しました。米国市場でトランプ大統領の政策は株式市場にフレンドリーと見方が変わったためですが、米国要因で日経平均が急変動する場合に、夜間取引を行なうメリットは大きいといえます。

里吉清隆東洋大学教授は「日経225先物市場における価格変動の分析：ナイト・セッションと日中立会」との論文で、「ナイト・セッションの日経平均の先物価格はニューヨークダウと円ドルレートに強く連動し、直前の日中立会とは逆の値動きをしている。日中のボラティリティが高いと、夜間の収益率とボラティリティは高くなる傾向がある」と述べました。

ちなみに、シンガポール取引所、CME、大阪証券取引所の夜間取引は終了時間が異なるので、日経平均の終値が若干異なることが多くなっています。たとえば、2018年10月2日の夜間取引の日経平均の終値は、シンガポール取引所が2万4230円、CMEが2万4225円、大阪証券取引所が2万4220円でした。

◉SQで何が起きているのか？

「SQ」とはSpecial Quotationの頭文字を取ったもので、日本語で「特別清算指数」と呼ばれます。SQは当該限月の第2金曜日に算出され、先物とオプションの両方の清算がある3、6、9、12月の第2金曜日に算出されるものを「メジャーSQ」、それ以外の月の第2金曜日に算出されるものを「マイナーSQ」と呼びます。

日経平均先物の限月は3カ月ごとですが、ミニ日経平均先物取引とオプション取引は毎月限月があります。SQ日が当該限月の取引の決済日であり、当該限月の取引はその前日までとなります。取引の最終日までに反対売買で決済されなかった建玉は、SQ日にSQの値段で強制的に決済されます。

ただ、日経平均の先物などがSQで強制的に決済されるのは稀で、通常はSQ日までに反対売買されますが、期限がくる先物を売って、期先の先物を買うロールオーバーが行なわれることが多くなっています。それもあって、メジャーSQ日には売買高が膨みます。SQがある週には、大手のヘッジファンドなどが自らのポジションに有利な水準へのSQの着地を狙って、仕掛け的な取引を行なうこともあります。

SQは長期のファンダメンタルズ投資家やアナリストはあまり重視していませんが、短期のトレーダーやテクニカルアナリストが注目する傾向があります。

たとえば、みずほ証券の三浦豊テクニカルアナリストは2018年5月12日の日経新聞で、「日経平均がSQ値を上回ると、上値を試す展開になりやすい」とコメントしました。2018年9月14日のメジャーSQでは前日に、日経平均が217円高となったうち、フアーストリテイリングとソフトバンクグループで114円上げたため、SQを控えた裁定絡みの押し上げと見られました。翌日に反落も予想されましたが、SQ日に円安で日経平均は273円高の2万3095円と5月以来の2万3000円台乗せとなりました。売買代金は2・3兆円↓3・3兆円と増えました。SQに絡んだテクニカルな売買もあったと思われますが、それ以上に、円安などの外的環境の変化のほうが重要なことを示した事例でした。

◉裁定取引には高度のテクニックが必要

裁定取引では、先物と現物取引で反対のポジションがとられます。先物売り&現物買いは裁定買い残、逆に先物買い&現物売りは裁定売り残になります。

裁定買い残が増えていると、裁定取引が解消されるときに現物株が売却されるので、将来の現物の売り圧力につながります。裁定売り残はその逆です。

東京証券取引所は裁定取引に係る現物ポジションを金額ベースでは毎週、株数ベースでは毎日発表していますが、2018年3月9日に裁定取引に伴う現物株の売り残高（期近・期先合計）が9073億円と、1991年の統計開始以来最高になりました。

この背景には、先物主導で株価が下落するなか、割安な先物を買って、割高な現物株を売る裁定取引が活発化したことがありました（逆に株高期待で先物中心の買いが増えると、先物価格が現物に比べて割高になり、先物売り&現物買いの裁定取引が入ります）。

このときは、裁定買い残が２０１８年1月の14億株から、３月に7億株まで半減しました。裁定買い残が過去に比べて少ないことは、裁定取引との絡みで売買される未決済の現物株の買い建玉が少ないことを意味するので、潜在的な売り圧力が少なく、株式市場の底が近いとみなされることが多くなっています。

２０１８年5月には裁定買い残が10億株に戻しました。裁定買い残の多さは将

図表3-12◉ 裁定買い残（株数ベース）と日経平均

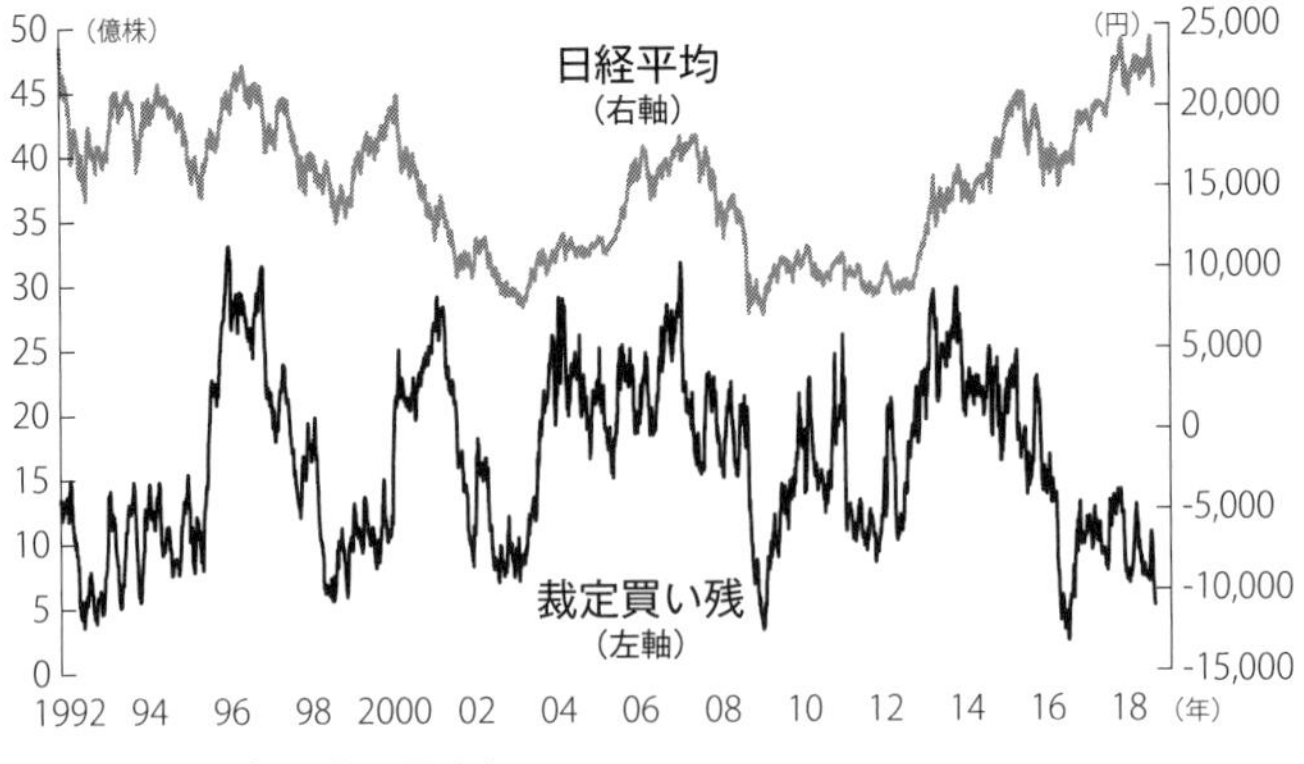

注　：2018年10月31日時点
出所：東証よりみずほ証券エクイティ調査部作成

来の売り圧力につながりますが、増える過程は外国人投資家の日本株への姿勢の改善とみなされました。

なお、裁定取引は高度のテクニックを必要とし、低コストで鞘を抜く取引なので、事実上証券会社の自己勘定取引でないと、採算が合いません。

◉デリバティブ取引の開始と先物・裁定悪玉論

日経平均が上昇しているうちは、先物や裁定取引が株価を押し上げているという議論もありましたが、日経平均が急落に転じると、先物や裁定取引は悪玉にされるようになりました。

1990年1月8日の日経新聞夕刊は「構造的株高今年も続く？　インデックス運用、日経平均を押し上げ」との記事に、「1月8日以降は先物主導の株高と言っていい。相場の先高観を背景に先物が現物相場に先行して上げる、先物と現物指数とのサヤが一定幅を越えて開くと先物売り・現物買いの裁定取引が入り、現物指数が上がる、そうなると裁定取引が入るのを見越して先物が買われるといった（好）循環が続いた」と解説していました。

歴史的なバブル崩壊の下げ相場となった1990年は、下げて相場が始まりましたが、

1月8日の日経平均は3万8295円だったので、まだ余裕がありました。しかし、2月に入り日経平均が高値から5000円も下げるようになると、先物や裁定取引に対する市場関係者やマスコミの見方が変わりました。

1990年2月28日の日経新聞は「活発化する裁定取引、売りのうわさは誇張」との記事で、当時裁定取引で隆盛を極めていたソロモン・ブラザーズ（現在はシティグループの一部）の東京支店長に、「裁定取引の解消に伴う現物株売りが株式市場の急落を招いたと見る向きが多いが」と尋ねて、「裁定取引は相場の乱高下の要因ではない。先物と現物の価格差が異常に開いたとき、是正するのが裁定取引の役割だ。裁定が働かないと先物は機能しない。株式相場の先安懸念が強まり、機関投資家が先物でヘッジ売りしたのが先だ」との反論を受けていました。

●配当落ちとは何か？

株価は配当を出すと理論的に下がります。たとえば、1株1000円の株価を持つ企業が、1株30円の配当を出せば、理論株価は970円になります（30円の配当を受け取った株主にとっては、税金を考慮しなければ、株主価値は同じです）。この30円の株価下落は配当落ちと呼ばれます。

完全な市場で企業が配当を出しても、自社株買いをしても、企業価値は変わらないとする考え方はＭＭ（モディリアーニ・ミラー）理論と呼ばれますが、近年、米国でも日本でも配当や自社株買いを歓迎する傾向があるのは、こうした株主還元策が株主重視策の現れだと思われているほか、企業はキャッシュリッチなので余剰な現預金を抱えていると無駄な投資に使ってしまう恐れがあるからでしょう。

ただ、配当を受け取った投資家にとっては、（資産運用の観点からいえば）消費に使わずに再投資をする必要がありますから、成長機会が多い企業であれば、株主還元するよりも、前向きな投資に使ってもらったほうが望ましいといえます。

多くの日本企業は9月末に中間配当、3月末に期末配当を行ないます。その際に、日経平均の配当落ちが話題になります。3月末の配当落ちの4営業日前が配当を受け取る権利付きの最終売買日になり、その翌日が配当落ち日です。日経平均の配当落ち額は２２５銘柄の期末1株配当に「50÷みなし額面」を掛けたものを合計し、除数で割ることで計算できます。２０１８年3月末は3月28日の権利落ち日に、日経平均が２８６円値下がりしましたが、うち１５８円は配当落ち分だったので、実質的な下落幅は１２８円とみなされました。

近年、増配する企業が増えているので、配当落ち額は上昇傾向にあります。日経平均の配当落ち分を何日で埋めることができるかは、相場の強さを計るバロメーターとみなされます。2018年は配当落ちから6営業日で配当落ち前の日経平均を回復しましたが、2017年3月末には配当落ちの当日に埋めました（すなわち、配当落ち日に値上がり）。逆に、2012年のように、日経平均が下落基調にあったため、配当落ち分を埋めるのに190営業日を要した年もありました。

第 4 章

株価指数と個別株の関係はどうなっているのか？

HOW SIGNIFICANT ARE
STOCK INDICES FOR INVESTORS?

「日経平均」の動きだけがすべてではない

◉中小型株の大型株に対する相対パフォーマンス

東証1部とジャスダックやマザーズでは投資主体が異なります。東証1部の2017年の売買金額のシェアでは外国人投資家が72・5%を占めた一方、個人投資家は18・1%でした。一方、ジャスダック市場では個人投資家が64・5%を占めた一方、外国人投資家は29・3%、マザーズでは個人投資家が65・4%を占めた一方、外国人投資家が29・8%でした。元々、日本の株式市場は外国人投資家と個人投資家がキャッチボールをしているような市場ですが、市場によって売買シェアは相当異なっています。

したがって、個人投資家にとっては、日経平均がどうなったときに、マザーズやジャスダックがどういう動きをするのかということへの関心のほうが高いと思われます。

中小型株の大型株に対する相対パフォーマンスの予想はむずかしいですが、①株式需給要因、②ファンダメンタルズ、③相場テーマなどが説明要因になると思われます。
①の観点では、ＩＰＯ銘柄が大きく上昇して、個人投資家が儲かると、資金の回転が効いて中小型株が次々と買われる場合があります。また、東証1部が材料不足で閑散商いになると、場つなぎ的に中小型株がアウトパフォームするケースがあります。といっても、2018年前半のように、外国人投資家が日本株を本格的に売ると、中小型株市場においてもリスクオフの流れに逆らえず、むしろ中小型株がアンダーパフォームすることがあります。逆に、リスクオンで株式市場が上昇しているときのほうが、投資家の資金がいち早くリスクの高い中小型株を買いやすく、大型株をアウトパフォームするケースが増えるといえます。
②の観点では、大型株には輸出依存度が高い銘柄が多いため、円高時に中小型株がアウトパフォームする傾向があります（次項参照）。
③の観点については、それぞれ個別の事情によります。大型株にも投資テーマに沿った銘柄がありますが、様々な事業を手掛けるコングロマリット的な企業が多いので、変化率ではインパクトが小さくなります。一方、中小型株には1つのテーマに沿ったピュアプレ

イ銘柄が多くなっています。代表的なものはバイオ株ですが、2016年前半にはそーせいグループが約半年で3倍に上昇するなど、バイオ株が急騰し、マザーズ指数はTOPIXを大きくアウトパフォームしました。また、2018年半ばに米国ナスダック市場でインターネット株からバイオ株へ物色がシフトすると、日本のバイオ株も動意づいてマザーズ指数が底入れしたように、日本市場のみならず、米国市場のテーマに影響を受けることも多くなっています。

◉中小型株は円高時にアウトパフォーム傾向

1ドル＝80円の円高になった1995年に日経ジャスダック平均は日経平均を大きくアウトパフォームしましたが、その理由として、「東証1部が円高や金融機関の不良債権の問題で先行き不安感があった半面、ジャスダック市場は企業業績の大幅な伸びが予想されていた」との解説がありました。

大型株では自動車のみならず、大手銀行が海外事業比率を高めるにつれて、銀行も円安恩恵株になったのに対して、最近の中小型株には為替と関係ないインターネット株などが多くなっています。

年度初めには大企業が慎重な業績予想を出す一方、新興企業は相対的に強気の業績見通しを出すことが多いことを多くの投資家が知っているので、業績見通しは売買材料になりません。しかし、景気悪化で、中間決算以降になっても大型株の業績見通しが悪い一方、中小型株の業績が相対的に良ければ、自律成長力がある中小型株が見直されます。

２００８年のリーマンショック直後にも、日経ジャスダック平均が日経平均をアウトパフォームしました。

◉日経平均採用銘柄の動きも日経平均とは微妙に異なる

日経平均採用銘柄は大型株が多いので、普段のインデックス投信やＥＴＦによる買い需要の株価へのインパクトは、ＴＯＰＩＸ連動のインデックス投信やＥＴＦによる需給のＴＯＰＩＸの小型株に対するインパクトに比べれば小さいといえます。

とはいえ、日経平均の新規採用や除外時には目に見える形で個別銘柄にパッシブ需要の影響が出ます。

２０１８年9月5日の日経平均の銘柄入れ替え発表時には、新規採用されたサイバーエージェントには20営業日の平均売買代金の４日分の買い需要、除外された古河機械金属には同14日分の売り需要が出たと推計されました。

日経平均以外にもJPX日経400インデックス、MSCI指数などに採用されるか除外されるかで、短期的な株式需給が生じますが、ファンダメンタルズ重視の機関投資家はそれらを気にせずに長期投資を行ないます。

日経平均の比重が高い値がさ株は、「日経平均の方向性に影響を与えたい」と考える投資家が頻繁に売買する傾向がありますが、2012年末以降2018年9月13日までの株価変化率をみると、日経平均上昇率の120%に対して、ソフトバンクグループが250%、ファーストリテイリングが160%の上昇とアウトパフォームしたのに対して、ファナックは33%の上昇に留まり、アンダーパフォームしました。ただし、これら3銘柄の前日比変化率の日経平均の前日比変化率との相関係数はそれぞれ0・65、0・74、0・71とあまり変わりません。

一方、日経平均のなかでは比重が低い三菱UFJファイナンシャル・グループは同期間の上昇率が46%と、日経平均を大きくアンダーパフォームしましたが、変化率の相関係数は0・74と高くなりました。また、日経平均採用銘柄で株価が最も低いパイオニアは同期間に株価が50%も下落し、変化率の相関係数も0・44と相対的に低くなりました。

日経平均と同方向に動く採用銘柄は多いといえますが、小さな変化率の積み重ねで、中長期的にみれば株価パフォーマンスが大きく異なってくるので、投資家はその見極めが重要でしょう。

◉優良銘柄への集中投資が増加

世界経済の変化が激しくなり、企業経営者の能力によって、企業業績や株価パフォーマンスが左右される割合が高まっています。米国のアカデミックな研究によると、企業パフォーマンスの変化の約3割はＣＥＯに起因するといいます。

日本経済は１９９０年の資産バブルの崩壊以降、金融危機、円高、デフレなど企業経営の環境は厳しかったものの、困難な環境を乗り越えて株価を上げた企業も少なくありません。１９８９年末から２０１８年8月末までに日経平均は6割以上下落しましたが、日経平均採用銘柄のうち40社（確率18％）の株価は上昇しました。

インド事業が好調なスズキの株価は7倍以上、金川千尋会長という稀有の経営者がいた信越化学は6倍以上、カルロス・ゴーン会長が経営を立て直した日産自動車は4倍以上に株価が上昇しました。

経営統合、倒産、日経平均から除外された銘柄もありましたが、現在も採用されている銘柄のうち、日立造船の株価は同期間に1989年12月の高値から20分の1以下、ユニチカの株価も12分の1以下、日本板硝子の株価も10分の1以下に下落しました。当時の株価がバブルだったのであり、経営者に責任はないという反論もあるでしょうが、事業転換の遅れや経営戦略の失敗などの問題も指摘されます。

東証1部銘柄では同期間に株価が上昇した銘柄が約300（確率14％）と、上昇した銘柄の割合は日経平均よりは少し低い状況でした。

日経平均に採用されていない銘柄のなかで、1989年末以降株価上昇率が大きかった主な銘柄には、ニトリホールディングスの約60倍、日本電産の約30倍、キーエンスの約25倍などがありました。旧来型企業の株価が資産バブルの史上最高値を遥かに下回って推移しているなかでも、上場来高値を更新する新興成長企業は多くなっています。

株式投資の本来の醍醐味は、株式市場全体が下落しているときにも独自の経営力で株価が上昇する銘柄に長期投資することでしょう。機関投資家でもパッシブ運用で銘柄全体に分散する動きと、一部の銘柄に集中投資する動きに二極化してきています。

◉COLUMN

世界的に注目集めるプラットフォーム企業

モノやサービスの取引の基盤を提供する企業はプラットフォーム企業と呼ばれて、世界的に注目されています。アマゾンは書籍の販売から始まりましたが、いまでは生鮮食品からビデオ映画まで様々なモノとサービスを、インターネットを通じて提供しています。アップルの成功は、約１０００ドルもする高価でコンパクトなパソコンである、iPhoneを携帯電話だと言って世界中の人々に広めたことだといわれます。iPhoneを携帯電話としてだけ使っている人は少なく、音楽を聴いたり、様々な情報を得たりするためのプラットフォームとして使っています。

米国の巨大テクノロジー株を表す言葉にはFANG, FAANG, FANNG, GAFAなど様々な用語があります。FANGはFacebook, Amazon, Netflix, Google（親会社はAlhphabet）、FAANGはFANGにAppleを加えたもの、FANNGはFANGに半導体のNVIDIAを加えたもの、GAFAはGoogle, Apple, Facebook, Amazonで構成されます。

ニューヨーク証券取引所は投資家のFANG株への投資需要を満たすために、２０１７年9月に新たな株価指数「FANG+」をローンチしました。組入銘柄は四半期毎に見直されますが、時価総額50億ドル以上、過去6カ月の1日当たりの平均売買代金５０００万ドル以上などの条件があります。現在の組入銘柄は米国のFANG株に加えて、中国株のアリババ、バイドゥも入っていますが、日本株は1社も入っていません。FANG株は過去5年間にS&P500の年19%に対して、40%も上昇しました。日本の個人投資家も、自らも使っているだろうアップルやグーグルの株式に集中投資していれば、大きな利益を得られました。

FANG指数に入っていませんが、日経平均の構成比重が高いソフトバンクグループは日本企業で唯一、グローバル・プラットフォーム企業になりうる企業だといえます。ソフトバンクグループはサウジアラビアの出資も受けて、世界のテクノロジー企業に投資する約10兆円のVision Fundを運用しています。政府も日本にグローバルなプラットフォーム企業がないことに危機感を抱き、第4次産業革命やビッグデータ革命のなかで、国内企業を育成したい方針です。一方、グローバル・プラットフォーム企業に対して日本政府は、欧州同様の規制や情報開示の強化を検討しています。

中小型株では国内のプラットフォーム企業になっている企業がいくつかあり、株式市場でも注目されています。個人的には葬式を含めて、幅広いライフエンディングサービスを提供する鎌倉新書、株主と企業をつなぐプラットフォーム企業で、株式持合の解消サービスも行なうアイ・アールジャパンなどのビジネスモデルが評価されています。

◉日経平均の前日比変化幅への寄与度をみる

少数の個別株を動かすことで、日経平均を動かすことができるといわれることがあります。たとえば、２０１８年9月26日に日経平均は93円高の２万４０３３円と8連騰し、１月23日以来の２万４０００円台を回復しましたが、この日は、日経平均比重1位のファーストリテイリングが33円、同2位のソフトバンクグループが16円寄与したほか、同8位のテルモ、同9位のＴＤＫ、同10位のユニー・ファミリーマートホールディングスがそろって11円の寄与をし、これら5銘柄の寄与は82円と、日経平均上昇幅の約9割に達しました。

こうした日経平均の前日比変化幅への個別銘柄の変化の寄与は、株価とみなし額面と除数で計算できます。

ファーストリテイリングのみなし額面は50円なので、前日比変化幅９００円÷日経平均の除数26・９５＝33円の寄与ということになりました。株価上昇率が同じでも、株価が高いほど、また見なし額面が小さいほど、日経平均の変化幅への寄与は大きくなります。

9月26日は日経平均を上げたい大手投資家または証券会社が、日経平均の構成上位銘柄を集中的に買い上げることで、日経平均を押し上げることができる事例となりました。

自分で計算するのが面倒な方は、https://nikkei225jp.com/nikkei/ のサイトで、その日の日経平均への個別銘柄の寄与を一覧することができます。

◉ＪＰＸ日経４００インデックスのパフォーマンスはすぐれない

ＪＰＸ日経４００インデックスは第1章で触れたように、日本取引所グループと日本経済新聞社が共同算出する株価指数で、企業のＲＯＥ意識を高めるために、安倍政権の肝いりで算出が始まりました。銘柄選定の定量基準が明らかで、過去3年間の営業利益やＲＯＥはある程度予想がつくので、1月頃からＪＰＸ日経４００インデックスに新規採用されそうな銘柄がアウトパフォームし、逆に外されそうな銘柄がアンダーパフォームする傾向が出て、6月末にデータが確定するまで前者をロング、後者をショートする取引が行なわれます。

ただ、定性評価は公表されるまでわからない面があるので、銘柄入れ替え予想がすべて当たるわけではありません。たとえば、２０１８年8月の銘柄入れ替えについて、みずほ証券の永吉勇人チーフクォンツアナリストは、除外銘柄25をすべて当てましたが、新規採用銘柄26のうち当たったのは24銘柄でした。

ただし、ＪＰＸ日経４００インデックス自体のパフォーマンスはすぐれません。これは以前から懸念されていたことですが、同指数は過去のデータに基づいて銘柄選定されるため、高ＲＯＥなどが採用される個別銘柄の株価に織り込み済みになっているという側面があるからです。実際にＪＰＸ日経４００インデックスは算出開始以来の累計で日経平均とＴＯＰＩＸに対してアンダーパフォームしています。

日経平均の「銘柄入れ替え」のしくみと株価への影響

◉なぜ日経平均は銘柄を入れ替えるのか

日本経済新聞社は日経平均の算出要領で、「長期間にわたる継続性の維持と産業構造変化の的確な反映という2つの側面を満たしながら、市場流動性の高い銘柄で構成する株価指数を目指している」としています。

日経平均の構成銘柄の入れ替えには、年1回、日本経済新聞社が定期的に実施する「定期見直し」による入れ替えと、上場廃止など構成銘柄に欠員が生じる場合に不定期に銘柄を補充する「臨時入れ替え」があります。日経平均は構成銘柄の市場代表性を保つことで、指数としての指標性や連続性を維持していますが、この市場代表性を年に1回点検し、日

図表4-1 ◉ 日経平均の銘柄選定基準

以下の方法により、毎年定期的に構成銘柄を見直し
定期見直しによる銘柄入れ替えは原則として毎年1回、10月の第1営業日に実施し、定期見直しによる入れ替え銘柄数には上限を設けない

①市場流動性の測定（高流動性銘柄群の決定）

東証1部上場銘柄の中から、市場流動性の高いグループを選び、これを「高流動性銘柄群」とする。個々の銘柄の市場流動性を測定する指標は、
1）過去5年間の売買代金
2）過去5年間の売買高当たりの価格変動率
とし、両指標からみて流動性が日経平均採用銘柄数（225）の倍にあたる上位450に属する銘柄グループが「高流動性銘柄群」である

②市場流動性低下銘柄の除外（絶対除外基準）

「高流動性銘柄群」に属さなくなった銘柄（市場流動性順位451位以下）は、構成銘柄から除外する

③市場流動性が極めて高い銘柄の採用（絶対採用基準）

「高流動性銘柄群」に属する銘柄のうち、市場流動性順位が上位75位以内となった銘柄の中で、それまで未採用であった銘柄を採用する

④セクターバランスを考慮した銘柄の採用・除外（相対採用除外基準）

1）「高流動性銘柄群」に属する銘柄を、業種分類に基づく6つのセクター、「技術」、「金融」、「運輸・公共」、「資本財・その他」、「消費」、「素材」に分類し、各セクターを構成する銘柄の半数を、セクターごとの「採用妥当数」とする
2）上記②および③の除外と採用を考慮したうえで、各セクターごとの過不足銘柄数を算出し、「採用妥当数」に合わせるように、銘柄の除外・採用を行なう
・過剰なセクターについては、同セクター内の既採用銘柄のうち、市場流動性順位の低いものから順に、過剰な銘柄数にあたる銘柄を除外
・不足するセクターについては、同セクター内の未採用銘柄のうち、市場流動性順位の高いものから順に、不足する銘柄数にあたる銘柄を採用

注　：2002年2月1日より適用
出所：日本経済新聞社よりみずほ証券エクイティ調査部作成

経平均の構成銘柄を見直すのが定期見直しです。定期見直しは毎年1回、秋に実施されることになっています。日経平均の見直しは実施前に発表され、原則10月初めに入れ替えが実施されますが、発表日はいつか事前に明らかにされません。2018年の日経平均の定期入れ替えの場合、発表日は9月3〜5日だと予想されていましたが、実際に発表されたのは9月5日の引け後で、10月1日に入れ替えが実施されました。

◉日経平均の業種は6分類

日経平均の定期見直しでは、市場流動性とセクターバランスが重視されます。日経平均の構成銘柄に産業構造の変化を取り込むため、定期見直しにセクターごとの銘柄数の過不足を調整するプロセスが取り入れられています。

セクターは日本経済新聞社の業種分類（36分類）を集約して、技術、金融、消費、素材、資本財・その他、運輸・公共の6つの分類がつくられています。技術には電機、精密、自動車、通信に加えて、医薬品も含まれます。業種分類に無理が感じられるのが、資本財・その他です。建設、機械、造船、輸送機（自動車以外）、その他製造に加えて、不動産まで入っています。そうしたこともあってか、日経平均の算出要領には、セクター分類と構成業種を、産業構造の変化などを考慮して見直す可能性があると記載されています。セクター間の銘柄の過不足を考慮しながら、売買の活発さや安定度（市場流動性）の高い銘柄を採用し、低くなった銘柄を除外するのが基本的なルールです。

定期的な銘柄入れ替えのルールは２００２年２月から適用されています。１９９１年10月以前は、経営再編や経営破綻などで除外すべき銘柄が生じたときに、その都度、市場流動性の高い銘柄を補充するルールでしたが、それ以降は年１回、定期的に構成銘柄を見直す方法が追加されました。

◉日経平均の銘柄選定で重要な業種

日経平均に選ばれるためには、絶対流動性基準を満たさなければ、同業種内での競争になるため、業種選定が重要です。

たとえば、日経平均の採用銘柄である日清紡ホールディングスは２０１５年10月に、証券コード協議会の決定によって、東証業種分類が繊維から電機に変わったと発表しました。証券コード協議会の業種別分類に関する取扱要綱によると、業種は売上が最も大きい事業で判断されますが、直近連結会計年度のその事業の売上が、現在所属する業種の事業売上より、最近2年間いずれも2倍以上である場合であって、かつ他事業の売上合計のいずれよりも大きい場合などに、業種変更が認められます。日清紡ホールディングスは、「当社は無線・エレクトロニクス、車載・機器、生活・素材、新エネルギー・スマート社会にかかわる分野を戦略的事業領域としています。今後もたゆまぬイノベーションを原動力に成長を目指してまいります」と業種変更の喜びを語りました。

東証1部の2018年度予想PERは繊維の約13倍台に対して、電機は15倍超と相対的に高いので、旧来業種の繊維から、成長業種と見られる電機に変われば、バリュエーションが上がるとの期待もあったのかもしれません。東証の業種分類の変更を受けて、日本経済新聞社も日清紡ホールディングスの業種分類を、2016年4月に繊維から電機に変更しました。

◉日経平均の銘柄入れ替えの予想方法

みずほ証券のチーフクォンツアナリストの永吉勇人は、日経ヴェリタスや米国インスティチューショナル・インベスター誌のクォンツアナリストのランキング1位で、株価指数の銘柄入れ替えなどのイベント予想で高い精度を誇りますが、JPX日経インデックス4

00やMSCI指数の入れ替え予想などに比べて、日経平均予想はむずかしいといいます。前述した日経平均の銘柄選定の絶対基準・相対基準のうちどの基準が優先されているのか不明であるうえ、また定期銘柄入れ替えで何銘柄を入れ替えるかの最終判断は日本経済新聞社の判断に依存するからです。

そのため、みずほ証券では入れ替え銘柄の予想に対する確度をHigh, Mid, Lowで表しています。日経平均の定期銘柄入れ替え発表は毎年9月初めですが、みずほ証券では7月末に銘柄入れ替え予想のレポートを出します。みずほ証券のみならず、大手証券やヘッジファンドも株価指数の銘柄入れ替えにベットした取引をすることが多いので、日経平均の銘柄入れ替え発表日に向けて、除外されそうな銘柄はアンダーパフォームし、採用候補の銘柄はアウトパフォームすることが多く、発表後実際の入れ替え日まで同傾向が続き、実施後は株価に織り込み済みとなります。

◉みずほ証券の日経平均の銘柄入れ替え予想

2018年9月5日に発表された定期銘柄入れ替えに際して、クォンツの永吉勇人は7月31日の「日経平均銘柄入替えを予想する」とのレポートで、「確度Highは宝ホールデ

実際の入れ替え

発表日		コード	銘柄名	日経セクター
2014/09/05	新規採用	なし		
	除外	なし		
2015/09/04	新規採用	1808	長谷工コーポレーション	資本財
		2432	ディー・エヌ・エー	消費
	除外	3110	日東紡績	素材
		8803	平和不動産	資本財
2016/09/06	新規採用	4755	楽天	消費
	除外	4041	日本曹達	資本財
2017/01/06	新規採用	4578	大塚HD	技術
	除外	6767	ミツミ電機	技術
2017/07/10	新規採用	6724	セイコーエプソン	技術
	除外	6502	東芝	技術
2017/09/05	新規採用	6098	リクルートHD	消費
		6178	日本郵政	消費
	除外	3865	北越紀州製紙	素材
		6508	明電舎	技術
2018/09/05	新規採用	4751	サイバーエージェント	消費
	除外	5715	古河機械金属	素材

注　：このリストは推奨銘柄でない、銘柄名は当時のもの
出所：日本経済新聞よりみずほ証券エクイティ調査部クォンツストラテジー作成

図表4-2 ◉ みずほ証券の日経平均の銘柄入れ替え予想と実際の入れ替え

みずほ証券予想

予想発表日		コード	銘柄名	日経セクター
2014/07/07	新規採用	1808	長谷工コーポレーション	資本財他
		4755	楽天	消費
		7272	ヤマハ発動機	技術
		9201	日本航空	運輸公共
	除外	8035	東京エレクトロン	技術
		8803	平和不動産	資本財他
2015/07/07	新規採用	4321	ケネディクス	消費
		4631	DIC	素材
	除外	3110	日東紡績	素材
2016/07/28	新規採用	4755	楽天	消費
		5938	LIXILグループ	資本財
	除外	4041	日本曹達	資本財
2016/12/21	新規採用	4578	大塚HD	技術
		6724	セイコーエプソン	技術
		6740	ジャパンディスプレイ	技術
		6981	村田製作所	技術
2017/06/26	新規採用	6632	JVCケンウッド	技術
		6724	セイコーエプソン	技術
		6740	ジャパンディスプレイ	技術
		6981	村田製作所	技術
2017/08/03	新規採用	4751	サイバーエージェント	消費
		7844	マーベラス	消費
		8410	セブン銀行	金融
		9201	日本航空	運輸・公共
	除外	3865	北越紀州製紙	素材
		6508	明電舎	技術
2018/07/31	新規採用	3092	スタートトゥデイ	消費
		4751	サイバーエージェント	消費
		6753	シャープ	技術
		7974	任天堂	消費
	除外	2531	宝HD	消費
		5715	古河機械金属	素材
		9681	東京ドーム	消費

ィングスの除外、また、流動性の観点から東京ドーム、あるいはセクター調整の観点から古河機械金属のいずれかの除外を確度Lowで予想。任天堂、サイバーエージェント、スタートトゥディ（現ZOZO）、シャープのなかから、最大2銘柄の採用を見込む」との予想を出しました。

しかし、実際の結果はサイバーエージェントの採用、古河機械金属の除外でした。日経平均の銘柄入れ替え発表翌日の9月6日には、日経平均の除外候補でありながら除外されなかった宝ホールディングスが16・1%上昇した一方、（みずほ証券では予想していたものの）予想外に除外された古河機械金属は9・5%安となりました。（同じく）予想外に採用されたサイバーエージェントは0・2%高に留まった一方、採用候補で採用されなかった任天堂が3・6%安となりました。

任天堂が日経平均に選ばれれば、日本を代表するテクノロジー株でありながら、採用されていないキーエンスや村田製作所なども近い将来採用される可能性が高まると考えていましたが、実現しませんでした。しかし、みずほ証券では2019年9月の定期入れ替えで、任天堂が採用される可能性があると依然考えています。

その前年、2017年9月発表の日経平均の定期銘柄入れ替えでは、北越紀州製紙と明電舎が除外されるとの予想は当たりました。一方、新規採用候補は確度Midでサイバーエージェント、Lowでマーベラス、セブン銀行、日本航空の3銘柄を挙げていましたが、発表された新規採用はリクルートホールディングスと日本郵政の2銘柄だったため、みずほ証券予想は外れました。日本郵政の採用には政治的な配慮もあったのではと推測されました。また、2016年の定期銘柄入れ替え時には、除外候補として日本曹達、新規採用候補に楽天とLIXILグループを挙げましたが、確度はともにLowでメインシナリオでは入れ替えなしと予想していました。実際には楽天の新規採用、日本曹達の除外が発表されました。両社ともリストには入っていましたが、確度はLowでした。

日経平均の銘柄入れ替えの予想は豊富なデータと計算力を持つプロのクォンツアナリストにもむずかしいので、個人投資家が自力で予想するのは困難でしょう。個人投資家が日経平均の銘柄入れ替えの取引をしたいなら、証券会社の予想レポートを入手するか、株式新聞などに掲載される各証券会社の予想を見るほうがいいと思います。

◉株価指数の銘柄入れ替え時の株価反応に関する学説

岡田克彦関西学院大学教授が2004年2月の証券アナリストジャーナルに寄稿した「日経225構成銘柄入れ替えにおける株価動向とトレーディングシミュレーション」に

よると、株価指数の銘柄入れ替えイベントの際に、採用銘柄が上昇し、除外銘柄が下落することに関するアカデミックな仮説には、不完全代替仮説、Price Pressure仮説、情報仮説、流動性仮説があります。

うち前2仮説は効率的市場仮説に相反するものである一方、後2仮説は効率的市場仮説の枠組み内での考え方です。

株式市場が効率的ならば、株式需給によらず、企業の利益やキャッシュフローに基づく値付けが行なわれるはずです。米国でもS&P500の銘柄入れ替え時に、採用銘柄が平均3%程度上昇し、この上昇幅が実施後も維持されたことから、同じようなファンダメンタルズを持つ代替証券が市場に2つと存在しないことを強調する不完全代替仮説が支持されたといいます。

すなわち、Aという株式が買われ過ぎの状態になったとしても、A株と同じようなファンダメンタルズを持った別のB株が存在しない限り、割高なA株を売って、B株を買う裁定取引が機能せず、株価が割高なまま放置されるような状況をいいます。

日経平均の比重が高いファーストリテイリングは、創業者の柳井正会長兼社長の持株比率が高いなかで、日銀のETF購入の影響が大きく、予想PERは40倍近くと高めのバリュエーションを持続しており、小売アナリストはファンダメンタルズに基づく評価ができないとして、投資判断を中立にする事例が散見されます。

ＡＩ運用のアドバイザー会社も経営する岡田教授は本論文で、「日経平均の銘柄入れ替えが毎年行なわれているのに、除外（採用）銘柄は発表日の翌営業日に大幅に下落（上昇）し、数日間下落（上昇）し続けた後ある水準で安定し、その後発表以前の水準には戻らないことは、効率的市場仮説に挑戦するばかりでなく、投資家心理が資産価格に影響を与えている有力な証拠と考えることができるのではなかろうか」と結論づけました。

◉波紋を呼んだ２０００年の日経平均の銘柄大幅入れ替え

日本経済新聞社が２０００年４月に行なった日経平均の銘柄入れ替え基準の改訂と、30銘柄の銘柄入れ替え実施は、不幸にもＩＴバブルの崩壊とタイミングが合致し（ナスダック指数の当時のピークは２０００年３月でした）、日経平均の急落につながったため、大きな波紋を呼びました。

現在日経平均の比重が高いファナック、東京エレクトロン、京セラなどの値がさテクノロジー株が採用された一方、住友石炭鉱業（現住石ホールディングス）、富士紡績（現富士紡ホールディングス）、志村化工（現エス・サイエンス）など旧来企業が除外されました。そして、この大

入れ替え実施日	除外		追加		
	コード	銘柄名	コード	銘柄名	実施日の株価（円）
2007/10/01	2602	日清オイリオグループ	3086	J. フロントリテイリング	2,200
	7231	トピー工業	3436	SUMCO	4,640
2007/04/03			9412	スカパー JSAT	625
2007/03/27	4795	スカイパーフェクトコミュニケーションズ			
2006/10/02	2001	日本製粉	8815	東急不動産	1,126
	9605	東映	9602	東宝	2,390
2006/04/04			1605	国際石油開発帝石HD	2,725
2006/03/28	1601	帝国石油	8015	豊田通商	3,070
	8003	トーメン			
2005/10/04	2201	森永製菓	4188	三菱ケミカルHD	813
2005/09/29			4568	第一三共	2,320
2005/09/27	4010	三菱化学	8795	T&D HD	3,285
	8307	UFJHD			
2005/09/21	4501	三共	4795	スカイパーフェクトコミニュケーションズ	87,500
	4505	第一製薬	8303	新生銀行	6,840
2005/09/02			3382	セブン＆アイHD	3,520
2005/08/26	8183	セブン-イレブンジャパン	9983	ファーストリテイリング	8,180
	8264	イトーヨーカ堂			
2005/05/17			4183	三井化学	2,975
2005/05/13	3102	カネボウ			
2005/03/28	4511	藤沢薬品	4519	中外製薬	1,637
	8232	東急百貨店	4689	ヤフー	645
2004/10/01	2536	メルシャン	2282	日本ハム	2,806
	6474	不二越	4324	電通	2,910
	7102	日本車輌製造	9984	ソフトバンク	1,673
2003/10/01	1885	東亜建設興業	9766	コナミ	3,390
2003/09/30			1721	コムシスHD	681
2003/09/25	1837	ハザマ	1963	日揮	952
2003/09/22	1947	日本コムシス			
2003/09/02			2779	三越	366
2003/08/26	8231	三越			
2003/04/02			2768	ニチメン日商岩井HD	288
2003/03/26	8063	日商岩井			
2003/03/13			8411	みずほFG	112
2003/03/06	8305	みずほHD			
2002/12/03			8316	三井住友FG	4,300
2002/11/26	8318	三井住友銀行			
2002/10/02	1301	極洋	9737	CSK	3,500
	1805	飛鳥建設	9205	日本航空システム	301
2002/09/27			5016	新日鉱HD	273
			5411	JFE HD	1,415
2002/09/25	6781	松下通信工業			
	9201	日本航空			
2002/09/19	5014	ジャパンエナジー	4704	トレンドマイクロ	3,340
	5403	川崎製鉄	7733	オリンパス光学工業	1,803
	5404	日本鋼管	8238	伊勢丹	1,110
2002/09/11			8309	三井トラストHD	2,450
2002/09/06	1806	フジタ			
2002/04/02			8766	ミレアHD	1,994
2002/03/26	8751	東京海上火災保険			
2002/03/06			1947	日本コムシス	705
2002/03/04	1804	佐藤工業			

図表4-3 ◉ 日経平均の銘柄入れ替えの歴史

入れ替え実施日	除外		追加		
	コード	銘柄名	コード	銘柄名	実施日の株価（円）
2018/10/01	5715	古河機械金属	4751	サイバーエージェント	NA
2017/10/02	3865	北越紀州製紙	6098	リクルートHD	2,450
	6508	明電舎	6178	日本郵政	1,313
2017/08/01	6502	東芝	6724	セイコーエプソン	2,801
2017/01/24	6767	ミツミ電機	4578	大塚HD	5,250
2016/10/03	4041	日本曹達	4755	楽天	1,330
2016/08/29	8270	ユニーグループ・HD	8028	ファミリーマート	7,420
2016/08/01	6753	シャープ	7272	ヤマハ発動機	1,760
2016/04/04			7186	コンコルディア・FG	516
2016/03/29	8332	横浜銀行			9
2015/10/01	3110	日東紡	1808	長谷工コーポレーション	1,340
	8803	平和不動産	2432	ディー・エヌ・エー	2,178
2014/04/02			1333	マルハニチロ	1,727
2014/03/27	1334	マルハニチロHD			
2013/10/02	3864	三菱製紙	3289	東急不動産HD	1,018
2013/09/26	8815	東急不動産	6988	日東電工	6,710
2013/04/02			3863	日本製紙	1,324
2013/03/27	3893	日本製紙グループ本社			
2012/10/02			5413	日新製鋼HD	836
			5703	日本軽金属HD	77
2012/09/26	5405	住友金属工業	4043	トクヤマ	850
	5407	日新製鋼			
	5701	日本軽金属			
2011/09/28	9737	CSK	6113	アマダ	497
2011/08/29	8404	みずほ信託銀行	8304	あおぞら銀行	1,950
	8604	みずほ証券	8729	ソニーフィナンシャルHD	1,206
2011/03/29	6764	三洋電機	6506	安川電機	958
	6991	パナソニック電工	7735	大日本スクリーン製造	4,140
	8403	住友信託銀行	8750	第一生命保険	1,184
2010/10/01	6794	クラリオン	8804	東京建物	654
2010/09/28	3404	三菱レイヨン	5214	日本電気硝子	5,780
2010/04/02			5020	JXHD	523
			8630	NKSJ HD	2,800
2010/03/09	5001	新日本石油	5407	日新製鋼	174
	5016	新日鉱HD			
	8755	損害保険ジャパン			
2010/01/19	9205	日本航空	9022	東海旅客鉄道	6,820
2009/04/02			2269	明治HD	1,650
2009/03/26	2202	明治製菓	1334	マルハニチロHD	133
	2261	明治乳業			
2008/10/01	1861	熊谷組	5541	大平洋金属	7,120
	4045	東亞合成	6305	日立建機	2,410
2008/07/28	8583	三菱UFJニコス	8628	松井証券	752
2008/04/02			3099	三越伊勢丹HD	1,168
			8725	三井住友海上グループHD	3,980
2008/03/26	2779	三越	8270	ユニー	933
	8283	伊勢丹			
	8752	三井住友海上火災保険			
2008/01/28			8354	ふくおかFG	639
2008/01/23	8603	日興コーディアルグループ			

入れ替え実施日	除外		追加		
	コード	銘柄名	コード	銘柄名	実施日の株価（円）
	6461	日本ピストンリング	8403	住友信託銀行	854
	8061	西華産業	8404	安田信託銀行	155
	8088	岩谷産業	8753	住友海上火災保険	580
	8236	丸善	9020	JR東日本	5,980
	9065	山九	9433	DDI	2,167
	9302	三井倉庫	9437	NTTドコモ	7,040
2000/03/28	8401	三井信託銀行	8601	大和証券グループ本社	1,871
1999/03/25	5004	三菱石油	9613	NTTデータ	1,910
	9105	ナビックスライン	6796	クラリオン	534
1998/09/24	5231	日本セメント	8322	あさひ銀行	415
	9126	昭和海運	9431	KDD	4,670
1997/09/24	4001	三井東圧化学	5105	東洋ゴム工業	770
1996/09/24	3862	本州製紙	8320	三和銀行	2,020
1996/03/25	8313	東京銀行	9502	中部電力	2,520
1995/10/02	3>201	日本毛織	8252	丸井	1,810
1993/07/02	9606	にっかつ	4507	塩野義製薬	1,050
1993/04/01	3702	山陽国策パルプ	6310	井関農機	4,180
1992/10/01	2533	合同酒精	1837	ハザマ	561
	3202	大東紡織	6479	ミネベア	498
	8233	高島屋	8061	西華産業	3,550
1992/09/24	5478	日本ステンレス	1886	青木建設	576
1991/10/01	2102	台糖	1861	熊谷組	86,100
	3001	片倉工業	6302	住友重機械工業	3,910
	3302	帝国繊維	7231	トピー工業	7,190
	8235	松坂屋	8003	トーメン	1,206
	9601	松竹	8063	日商岩井	691
	9602	東宝	9065	山九	3,850
1990/11/26	5238	三菱鉱業セメント	6773	パイオニア	3,680
1989/06/01	9103	ジャパンライン	7012	川崎重工業	11,700
1987/04/01	3111	オーミケンシ	9432	日本電信電話	13,775
1986/04/01	5003	丸善石油	9202	全日本空輸	8,133
1985/08/14	9112	三光汽船	4503	山之内製薬	564
1984/07/24	6433	リッカー	4506	大日本製薬	3,320
1982/11/25	7901	秋木工業	5802	住友電工	516
1982/06/24	8201	トヨタ自販	6902	日本電装	1,036
1980/07/01	2103	明治精糖	9112	三光汽船	327
1979/02/22	3703	日本パルプ	7752	リコー	552
1979/01/06	2101	大日本精糖	8201	トヨタ自販	NA
1978/07/04	4006	チッソ	8604	野村証券	487
	1505	北海道炭砿汽船	8603	日興証券	842
	2603	日華油脂	8583	日本信販	715
1975/04/01	4067	鉄興社	1925	大和ハウス	552
	3701	興人	1815	鉄建建設	2,610
1972/03/31	3704	国策パルプ	8053	住友商事	NA
1972/03/25	7101	汽車製造	8233	高島屋	NA
	8035	明治商事	6103	大隈鉄工所	NA
1971/11/30	9603	大映	6702	富士通	NA
1971/10/01	4181	三菱江戸川化学	6933	湯浅電池	NA
1970/03/30	5402	富士製鉄	6703	沖電気	NA

注　: 2018年9月6日時点、現在上場していない企業・会社名変更の企業は当時のコードと株価を表記、このリストは推奨銘柄ではない

出所: 日本経済新聞よりみずほ証券エクイティ調査部作成

入れ替え実施日	除外		追加		
	コード	銘柄名	コード	銘柄名	実施日の株価（円）
2002/02/27			8331	千葉銀行	443
2002/02/25	8322	あさひ銀行			
2001/12/12			8308	大和銀HD	860
2001/12/07	1886	青木建設	6367	ダイキン工業	2,150
2001/12/05	8319	大和銀行			
2001/11/28	6011	新潟鉄工所	8830	住友不動産	710
2001/10/01	6310	井関農機	1928	積水ハウス	961
	9006	京浜急行鉄道	4511	藤沢薬品工業	2,750
2001/09/25	8753	住友海上火災保険	9021	西日本旅客鉄道	6,620
2001/04/03			8306	三菱東京FG	1,250
			8307	UFJ HD	790,000
2001/03/30			3893	日本ユニパックホールディング	6,430
2001/03/27	8314	さくら銀行	8233	高島屋	1,868
	8315	東京三菱銀行	8253	クレディセゾン	2,620
	8320	三和銀行	9064	ヤマト運輸	2,595
	8321	東海銀行			
	8402	三菱信託銀行			
	8407	東洋信託銀行			
2001/03/23	3863	日本製紙	9201	日本航空	NA
2000/10/02	1815	鉄建建設	8305	みずほHD	913,000
	8511	日本証券金融	9735	セコム	8,990
2000/09/26	9431	KDD	6770	アルプス電気	2,380
2000/09/22	8302	日本興業銀行	8332	横浜銀行	493
	8311	第一勧業銀行	8407	東洋信託銀行	384
	8317	富士銀行	8606	新光証券	405
2000/07/03	5005	東燃	4911	資生堂	1,586
2000/04/24	1331	ニチロ	2914	日本たばこ産業	854
	1501	三井鉱山	4452	花王	3,440
	1503	住友石炭鉱業	4505	第一製薬	1,845
	2108	日本甜菜製糖	4523	エーザイ	3,220
	2601	ホーネンコーポレーション	4543	テルモ	1,815
	3104	富士紡績	6762	TDK	15,820
	3403	東邦レーヨン	6767	ミツミ電機	4,370
	4022	ラサ工業	6781	松下通信工業	19,310
	4064	日本カーバイド工業	6857	アドバンテスト	12,180
	4092	日本化学工業	6952	カシオ計算機	1,211
	4201	日本合成化学工業	6954	ファナック	11,800
	4401	旭電化工業	6971	京セラ	9,250
	4403	日本油脂	6976	太陽誘電	7,960
	5105	東洋ゴム工業	6991	松下電工	1,175
	5302	日本カーボン	7211	三菱自動車工業	3,750
	5331	ノリタケカンパニーリミテド	7270	富士重工業	836
	5351	品川白煉瓦	8035	東京エレクトロン	17,900
	5479	日本金属工業	8183	セブン-イレブンジャパン	15,000
	5480	日本冶金工業	8264	イトーヨーカ堂	8,330
	5563	日本電工	8267	ジャスコ	960
	5632	三菱製鋼	8302	日本興業銀行	987
	5721	志村化工	8319	大和銀行	307
	5805	昭和電線電纜	8321	東海銀行	596
	5981	東京製綱	8355	静岡銀行	1,001

幅な銘柄入れ替えで、証券会社に利益が出た一方、日経平均連動型投信には損失が出ました。

２０００年6月6日の週刊エコノミストが「日経平均銘柄入れ替えの罪」、同年6月10日の週刊東洋経済が「日経平均銘柄入れ替えの再考を～歪められた株価指数」との批判的な記事を掲載しました。

また、当時の宮澤喜一蔵相は5月10日に「日経平均の連続性が失われたことをはっきりしないと、内外にいろいろ問題がある」と語りました。経済企画庁（現内閣府）も日経平均に関するレポートで、5月19日終値で旧平均株価は新平均株価より２０００円以上高かったと分析し、7月14日に発表した経済白書で、「日経平均の現行水準と過去水準の間に一種の断絶が生じている」と記述しました。

日本経済新聞社はこうした記述が不適切と抗議すると同時に、7月15日の朝刊で「日経平均株価指標性高まる、主力30銘柄採用、ＩＴ時代を反映、売買代金占有率上昇」との記事を掲載し、「新基準による銘柄入れ替えはＩＴ革命など急速に変わる産業構造の変化をより明確に反映するのが目的だった。新選定基準がＩＴ時代に相応しいかどうかは長い目で評価しなければならない」と弁明しました。日本経済新聞社が値がさテクノロジー株の組み入れに慎重なのは、いまだにこの時のトラウマがあるのかもしれません。

◉日経平均の銘柄入れ替えの歴史

２０００年4月の日経平均の構成銘柄の大幅入れ替え以前にも、日経平均は定期的に銘柄入れ替えが行なわれてきました。

ニューヨークダウが１９２８年10月に30銘柄になって以来、同じ銘柄が１つも残っていないのに対して、日経平均は１９４９年5月のスタート以来、いまも約半数の銘柄が社名変更を伴いながらも残っています。ただこれは、日本の産業構造の転換の遅れというよりも、ニューヨークダウがその時々のわずか30銘柄の優良株で構成される一方、日経平均は売買が多い２２５銘柄で構成されるベンチマークという株価指数の性格の違いの反映でしょう。

戦後の高度経済成長期にその後日本を代表することになる企業が上場し、日経平均に順次採用されてきました。１９５０年代には戦後の企業再編の影響もあって、76銘柄入れ替えられました。１９４９年に上場した住友化学、キヤノン、トヨタ自動車、パナソニック（当時松下電器産業）などが日経平均に採用されました。

１９６０年代の日経平均の銘柄入れ替え数は24と、１９５０年代より少なくなりました。

1960年代には1957年に上場したホンダ、1958年に上場したソニー、1961年に上場したブリヂストンなどが日経平均に採用されました。

1970年代の日経平均の銘柄入れ替え数は13とさらに減りました。1961年に上場した野村証券（現野村ホールディングス）などが採用されました。

バブル期だった1980年代の日経平均の銘柄入れ替え数は8と少なく、1987年に上場して大ブームとなったNTTなどが採用されました。

一方、1990年代の日経平均の銘柄入れ替え数は21と増加しました。1993年に上場したKDD（KDDI）、1995年に上場したNTTデータなどが日経平均に次々と採用されました。1990年代後半には、ITブームを反映した日経平均の銘柄入れ替えが行なわれたといえます。

第 5 章

株価指数は経済の実態をどのように反映しているのか？

HOW SIGNIFICANT ARE
STOCK INDICES FOR INVESTORS?

日経平均は日本経済と日本企業の実態を反映している

◉完璧な株価指数はない

日本は小さい企業でも知名度向上のためにすぐに東証1部に行きたがる一方、上場廃止はめったにないので、TOPIXには本来上場すべきでない企業も多く含まれます。JPX日経インデックス400は当初、ROE重視の良い株価指数だと評価されて、銘柄数からいってS&P500並みに注目されるとの期待もありましたが、日経平均やTOPIXにアンダーパフォームする体たらくです。世の中、ESG意識が高まり、様々なESG株価指数がつくられましたが、ESGについて議論するとき以外、注目されていません。

日本にもずっと右肩上がりのニューヨークダウやS&P500のような株価指数があれ

ばいいと思っている投資家が多くいますが、ないものねだりでも仕方ないので、日経平均に注目するしかないというのが現状です。日経平均の構成銘柄数の225は今後も変わりそうにないなか、もっと少数の優良企業で構成された株価指数があれば、外国人投資家からの日本株の見え方も異なったでしょう。とはいえ、TOPIXコア30はその役目を果たせそうにありません。すべての株価指数には一長一短があるので、完璧な株価指数はないといえます。すべての株価指数は幻想だという投資家もいます。日経平均には前述したように、銘柄入れ替えなどでもっと工夫の余地があるでしょう。もちろん、良い株価指数があっても、良い企業がなければ、株価指数は上がらないので、組み入れ対象となる日本企業は収益性向上への持続的な努力が求められるでしょう。また、政府や東京証券取引所は、上場して株価指数に入る意味がない企業が、もっと除外されるようなしくみを導入することが必要でしょう。

◉日経平均は日本経済の反映か？

日米ともに株価指数の上位企業は経営のグローバル化が進展しているため、株価指数の変動が必ずしも自国経済の良し悪しを反映しているとはいえない状況になってきました。

米国S&P500企業では売上の57%が米国で、残りが外国です。2018年は米国が大型減税の恩恵を受けて、主要国で最も景気が良い国となっているので、米国の中小型企業をはじめ、米国売上比率が高い企業が恩恵を受ける構図でした。

日経平均構成銘柄は地域別売上比率の開示方法が異なりますが、2017年度売上で加重平均すると、国内売上比率が67%で、北米が13%、アジアが10%、欧州が4%、その他が6%ということになります。商社など地域別売上を開示していない企業は除外したため、本来の海外売上比率はこの数値よりももっと高いでしょう。日本の地域別輸出比率は米国と中国がともに約2割ですが、中国経由で

図表5-1 ◉ 日経平均とS&P500の構成企業の地域別売上比率

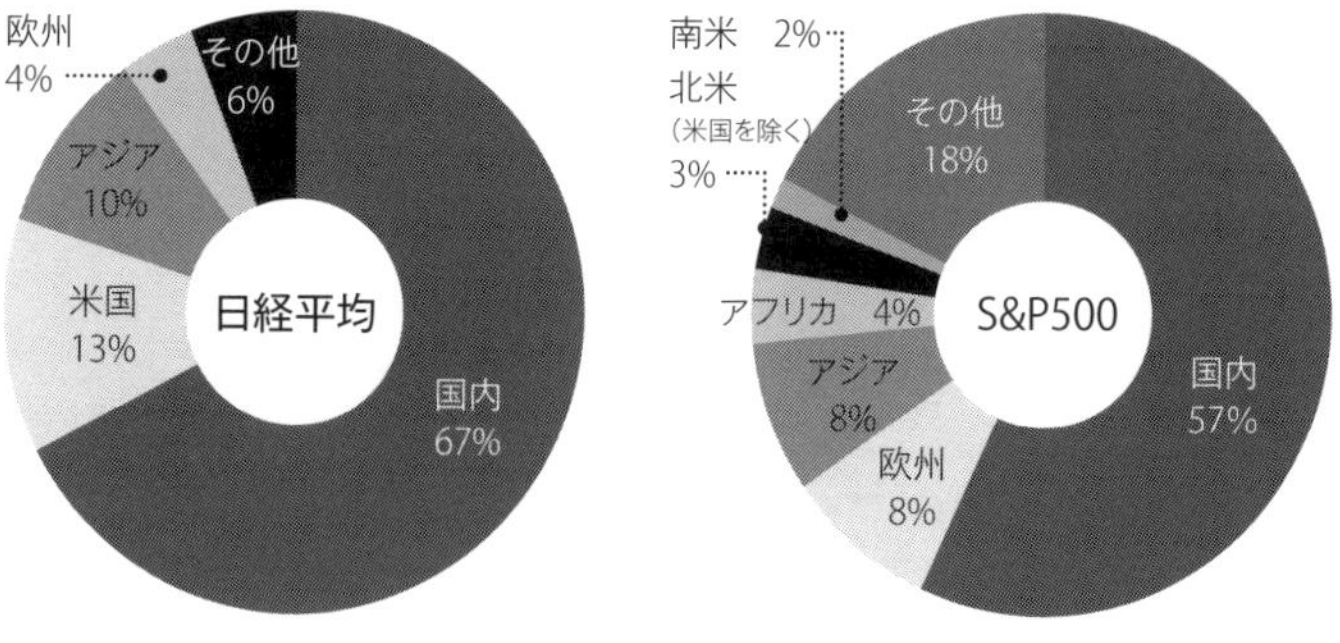

注：日経平均は2017年度、S&P500は2016年時点、地域別売上の開示がない企業は除く
出所：QUICK Astra Manager、S&P Dow Jonesよりみずほ証券エクイティ調査部作成

米国に輸出される商品も多いので、実質的には米国景気が日本企業の業績に与える影響が最も大きいといえます。

米国主要企業に比べて、日本企業は国際化が遅れてはいますが、日本の人口減少を背景に内需が長期低迷するなかで、安倍政権になって円安が進展した後も、M＆Aなどを通じて海外事業を強化しようとする企業が後を絶ちません。企業収益の変動が海外要因から起こることが多いので、日経平均が為替や海外景気に左右されやすくなるのは自然な流れでしょう。

◉日経平均銘柄の東証での地位

２０１８年10月31日時点で東証１部には２１１１銘柄も上場しており、時価総額合計は６２０兆円でした。一方、日経平均は２２５銘柄なので、東証１部の銘柄が日経平均に選ばれる確率は10％強ということになります。

日経平均の時価総額合計は３７５兆円なので、東証１部の約６割を表すということになります。２０１７年の日経平均組入銘柄の売買代金は３４４兆円と、東証１部全体の売買代金６８３兆円の約５割を占めました。日経平均の銘柄選定基準に売買代金が入っているため、日経平均が東証1部に占める比率は、時価総額よりも売買代金のほうが高いような気がしましたが、売買代金の比率のほうが低いのは、銘柄数が東証1部全体の10％強に過ぎないためでしょう。

このほか、東証2部には500銘柄上場しており、時価総額合計は8・4兆円、ジャスダックには728銘柄上場しており、時価総額合計は9・6兆円、マザーズには261銘柄上場し、時価総額合計は5・4兆円でした。すなわち、マザーズの時価総額合計は日経平均採用銘柄であるJT1社の時価総額とほぼ同じです。

日本には合計約3600もの上場銘柄があります。日本企業は上場すること、とくに東証1部に上場することがステータスであり、資金調達のニーズがなくても上場し、また買収、倒産、MBO（Management Buyout）が少ないので、上場廃止がめったに起こりません。そのため、日本には上場企業数が多すぎるとよく指摘されます。東京証券取引所を運営する日本取引所グループも上場企業なので、利益最大化のためには上場企業数が多いほうがいいという背景もあります。

2017年末時点で世界一上場企業数が多い国はインドの5616社でした。ニューヨーク証券取引所とナスダック市場あわせて5235社が上場していますが、うち889社は外国企業でした（東証にも100社以上の外国企業が上場していた時代がありましたが、今や6社のみです）。

ニューヨーク証券取引所とナスダック市場を合わせた時価総額は約３５００兆円と、日本の約5倍です。すなわち、日本と米国で国内上場企業数は３６００社 vs ４３００社と大きな差がないのに、時価総額合計が5倍も違うのだから、１社当たりの時価総額にそれだけの違いがあるということを意味します。

◉日経平均はどの指標との相関が高いのか？

毎朝のテレビ番組ではテレビ東京もＮＨＫも前日の米国株式市況を報じますが、日経平均は米国株価指数との相関が高くなっています。それはニューヨークダウでもナスダック指数でも変わらず、前月比変化率の相関係数を過去5～10年間とってみると０・６以上あります。過去10年間ではニューヨークダウより、ナスダック指数のほうが日経平均との相関係数が高くなっています。

場中に上海株が下がると、日経平均が下がるとの報道がよくされますが、上海総合株価指数と日経平均の相関係数は０・３～０・４程度と、米国株価指数との相関係数よりは低くなっています（上海株は中国の個人投資家の投機的売買の影響が大きく、中国経済のファンダメンタルズを必ずしも反映しません）。

米国株価指数以上に日経平均との相関係数が高いのは、円の実効為替レートで0・7以上もあります。ドル円レートと日経平均の相関係数も安倍政権に入って高まりましたが、貿易相手の為替レートを加重平均した実効為替レートのほうが相関係数は高くなっています。投資家が円の対ドルレートのみならず、対ユーロや人民元なども考慮しながら、日経平均の構成銘柄を売買している証左でしょう。

日本企業は海外生産比率を高めてきましたが、海外売上比率も上昇しているため、企業業績への為替換算損益の影響が高まっており、過去10年間、為替と企業業績の相関はほとんど変わっていません。対ドルで10％円高になると、経常利益は

図表5-2 ◉ 日経平均と各指標との相関係数

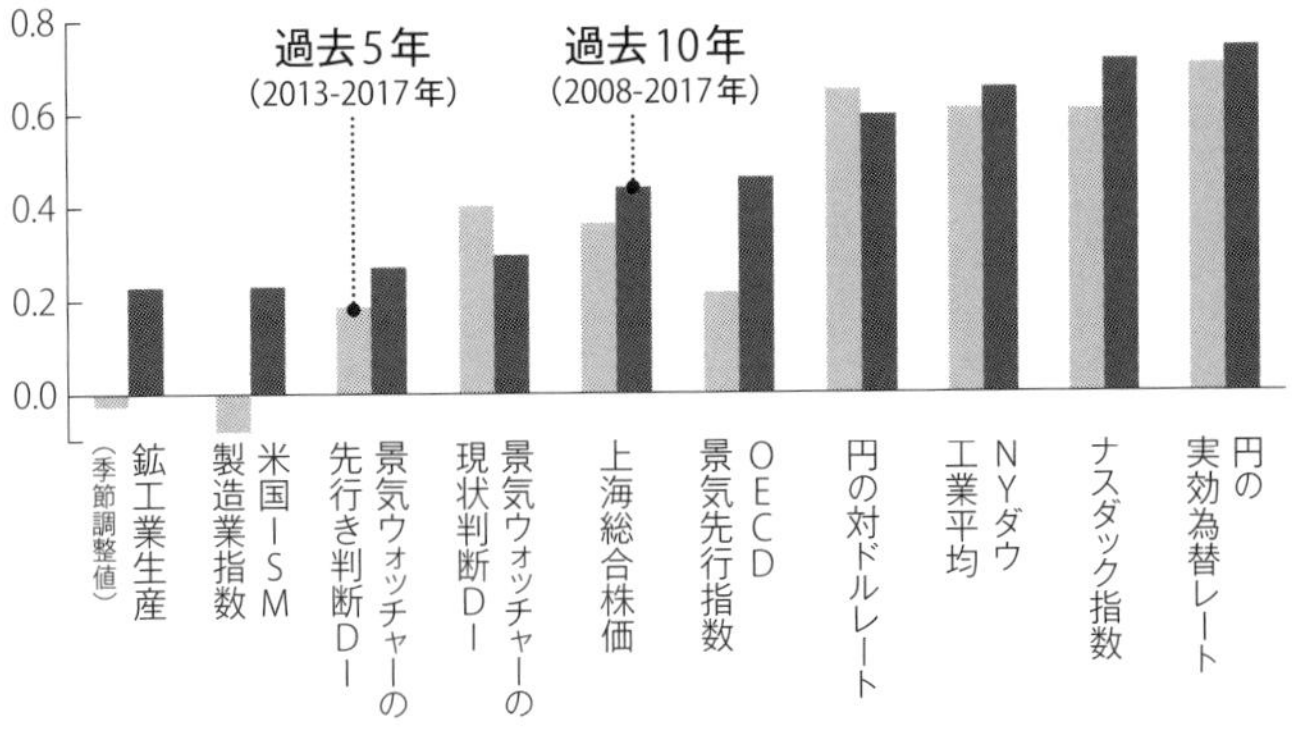

注　：相関は前月比変化率ベース、円の実効為替レートは符号を反転
出所：ブルームバーグよりみずほ証券エクイティ調査部作成

6～7ppt（パーセントポイント）低下する傾向があります。1989年以前は海外要因や外国人投資家と日経平均の相関係数は低かったのですが、内需の長期低迷のなか、日本企業がグローバル化を進め、日本の投資家が日本株を買わず、外国人投資家依存度を高めるにつれて、日経平均と海外指標との相関関係が高まりました。

ほかには、OECD景気先行指数との相関係数も過去5年では0・2ですが、景気先行指数には株価指数も入っているので、過去10年では相関係数がある程度高くなっています。

なお、日経平均は景気や企業業績の先行きを織り込んで変動するので、鉱工業生産などの景気一致指数、または雇用などの景気遅行指数との相関は高くありません。

◉日経平均は景気サイクルの先行指数

一般に日経平均は景気サイクルに半年～1年の先行性があるとされますが、そのリード期間は景気サイクルによって異なっており、先行期間は一概にいえません。

現在の景気回復局面は、安倍政権が2012年12月に発足する直前の2012年11月を底に始まったとされますが、日経平均は同年6月に8295円で底打ちしていたので、日経平均は景気の底に5カ月先行しました。

しかしその前の景気サイクルのピークの2012年3月は、日経平均のピークの1万2255円のタイミングと一緒でした。2012年3月は1ドル＝80円台前半の円高だったうえ、政府が2014年4月の消費税引き上げを閣議決定したため、デフレ懸念が強く、日経平均が景気先行性を発揮できませんでした。

リーマンショック後も、日経平均の大底の2009年3月の7054円と景気の大底が同時期でした。金融危機が深刻だったため、株式市場が先行性を発揮できませんでした。

リーマンショック前の景気サイクルのピークは2008年2月でしたが、日経平均は2007年9月に1万8262円

図表5-3 ◉ 日経平均と景気サイクル

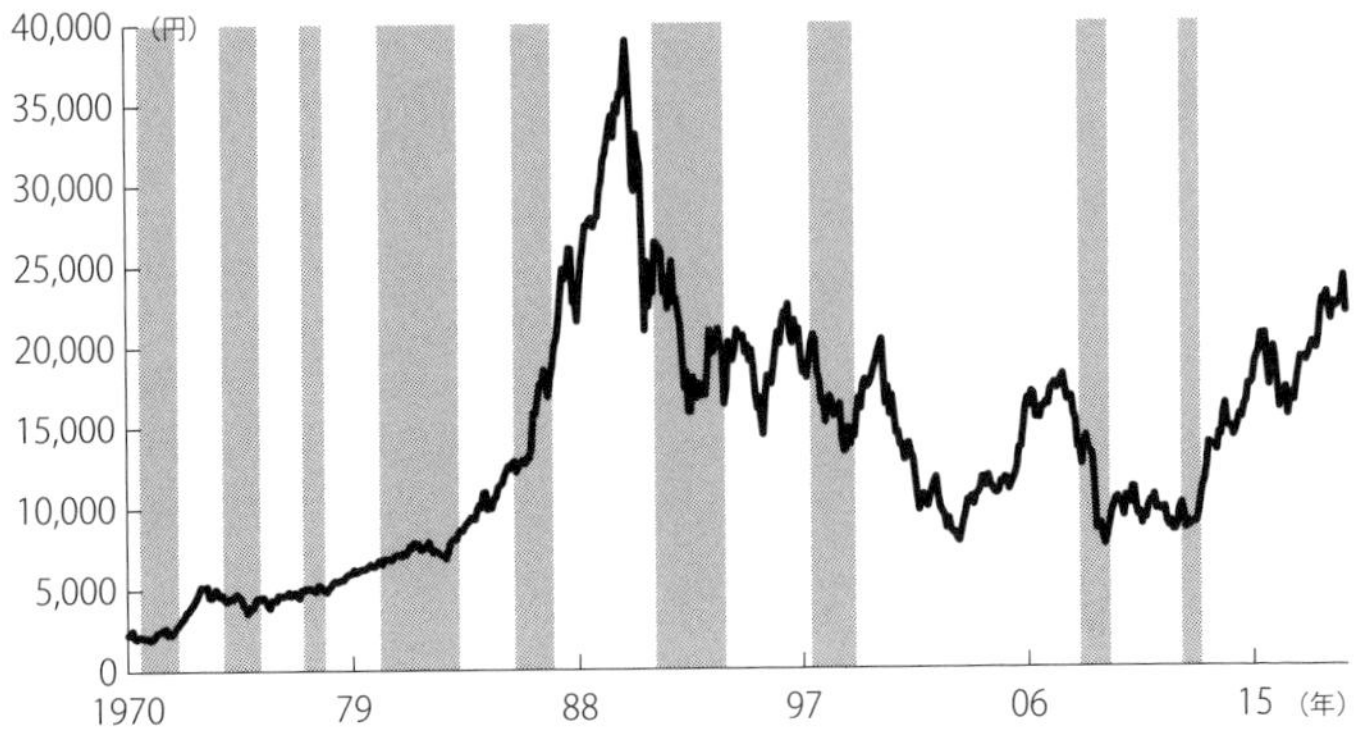

注　：シャドウは景気後退期、2018年10月31日時点
出所：ブルームバーグ、内閣府よりみずほ証券エクイティ調査部作成

でピークを打っていたため、5カ月の景気先行性がありました。

2000年代前半の金融危機の時期では日経平均の大底が2002年2月と、景気の底の同年1月に遅行しました。

その前のITバブル時期では景気サイクルのピーク2000年11月に対して、日経平均は2000年4月にピークアウトしており、7カ月の先行性がありました。

1999年1月の景気の底に対しては、日経平均は1998年10月に底打ちしており、3カ月の先行性がありました。1997年5月の景気サイクルのピーク前に、日経平均は1996年6月に高値をつけており、11カ月の先行性がありました。

資産バブル崩壊後に景気が底入れしたのは1993年10月でしたが、日経平均は1992年8月に1万4309円で底入れしており、14カ月の先行性がありました。1991年2月のバブル景気のピークアウトに先駆けて、日経平均は1989年12月末に史上最高値をつけていたので、日経平均は14カ月の先行性がありました。

日経平均の過去の動きを振り返ってみる

◉朝鮮戦争特需とスターリン暴落があった1950年代

日経平均（当時は東証修正平均株価）の1949年5月16日の算出開始に先立ち、1949年4月に改正証券取引法が公布されました。戦後インフレを終息させるために、「ドッジライン」と呼ばれる経済安定計画が1949年3月に勧告されました。厳しいインフレ抑制策が取られて、日本経済はデフレに陥ったため、日経平均は1950年7月に算出開始以来の半値に下落し、いまも破られない史上最安値となる85・25円を記録しました。

その後、1950年6月に朝鮮戦争が始まり、日本は戦争資材調達等の特需を受けて、経済が好転したため、日経平均は1953年2月に474円まで急騰しました。すなわち、約2年半で日経平均は5・6倍に上昇したことになります。

1950年に貸借取引制度が認可され、信用取引制度がスタートしました。1951年6月に証券投資信託法が交付されて、投信制度が始まりました。

1953年3月5日は日経平均が10%急落するという過去4番目の下落率となった「スターリン暴落」が起きました。ロシアのスターリン首相の死去で、朝鮮戦争が終結し、特需がなくなるとの見方が出たためといわれましたが、投機的な相場の天井にあったため、スターリン死去は株価急落の1つのきっかけに過ぎなかったともいえます。

日経平均は2カ月で高値から4割近く

図表5-4 ◉ 1950年代の日経平均

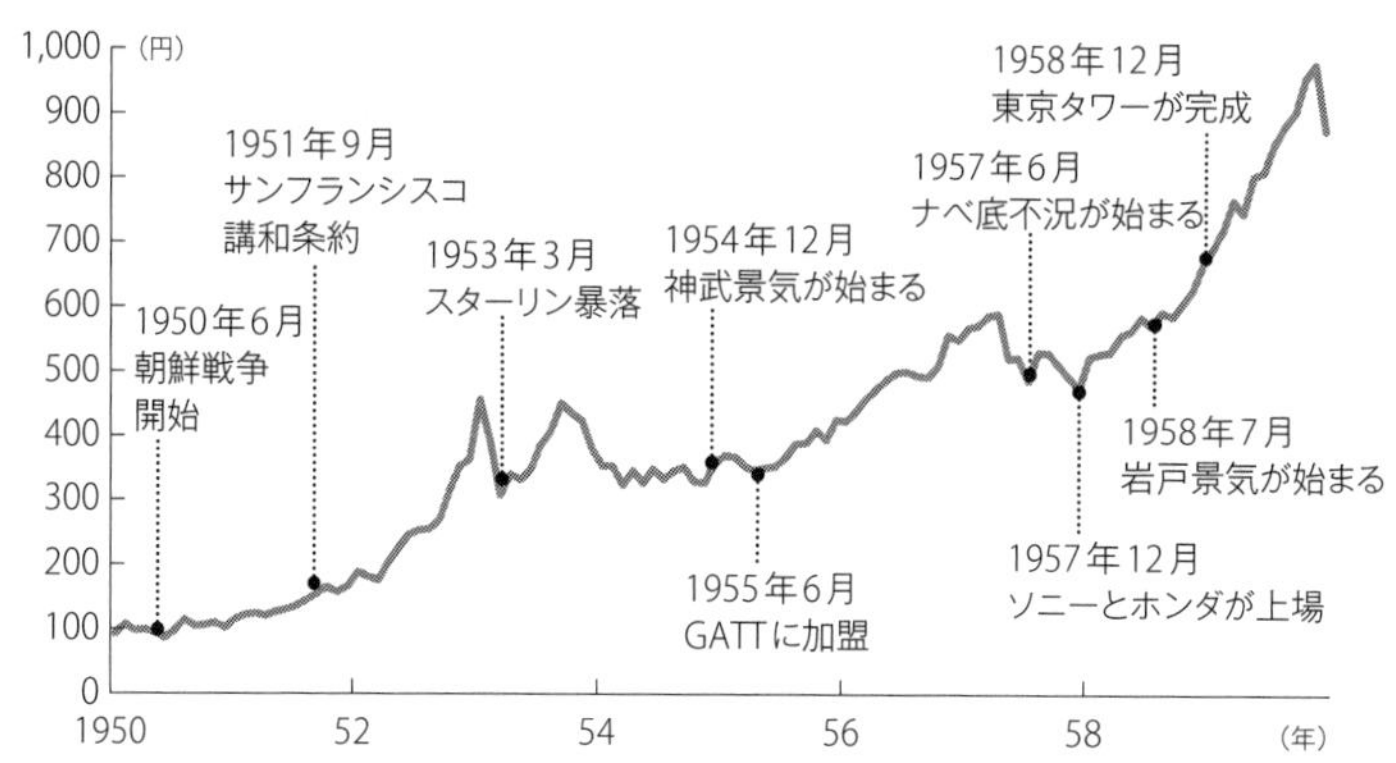

出所:ブルームバーグ、新聞報道よりみずほ証券エクイティ調査部作成

急落した後、もみ合い相場に入りました。景気も1854年1月を天井に、11月まで短い後退局面でした。

1954年12月には高度経済成長の走りである「神武景気」が始まり、日経平均も上昇基調となりました。1956年の経済白書は、「もはや戦後ではない」との結語を書きました。神武景気は日本の重化学工業化の幕開けであり、株式市場では鉄鋼、造船、海運などが物色されました。洗濯機、冷蔵庫、白黒テレビが3種の神器として家庭に普及しました。

神武景気は国際収支の天井にぶつかり、1957年6月に終わった後、1958年6月までの「ナベ底不況」を経て、新たな「岩戸景気」が始まりました。当時の上場企業数は500〜600社程度でした。好景気を反映して、日経平均は1959年11月に976円と、1000円に近づきました。ちなみに、1957年2月〜1960年7月は安倍首相の祖父に当たる岸信介内閣でした。

◉東京オリンピック前に高値をつけた1960年代

現在もオリンピックを前にした建設ラッシュに沸いていますが、前回の東京オリンピックの折りには、日経平均は、1960年初めの869円から、1961年7月の1829円まで2倍以上に上昇しました。

1960年2月20日に日経平均は、マイルストーンとなる1000円台を達成しました。当時の池田勇人首相は1960年10月に「所得倍増計画」を打ち出し、1961年の経済白書が「投資が投資を呼ぶ」と指摘したような投資ブームが起きました。

1960年代初頭は空前の証券ブームが起きて、「銀行よさようなら、証券よこんにちは」とのセリフが生まれました。岩戸景気相場ではホンダやソニーなどの上場間もない成長株が注目されて、金の卵と呼ばれました。

図表5-5 ◉ 1960年代の日経平均

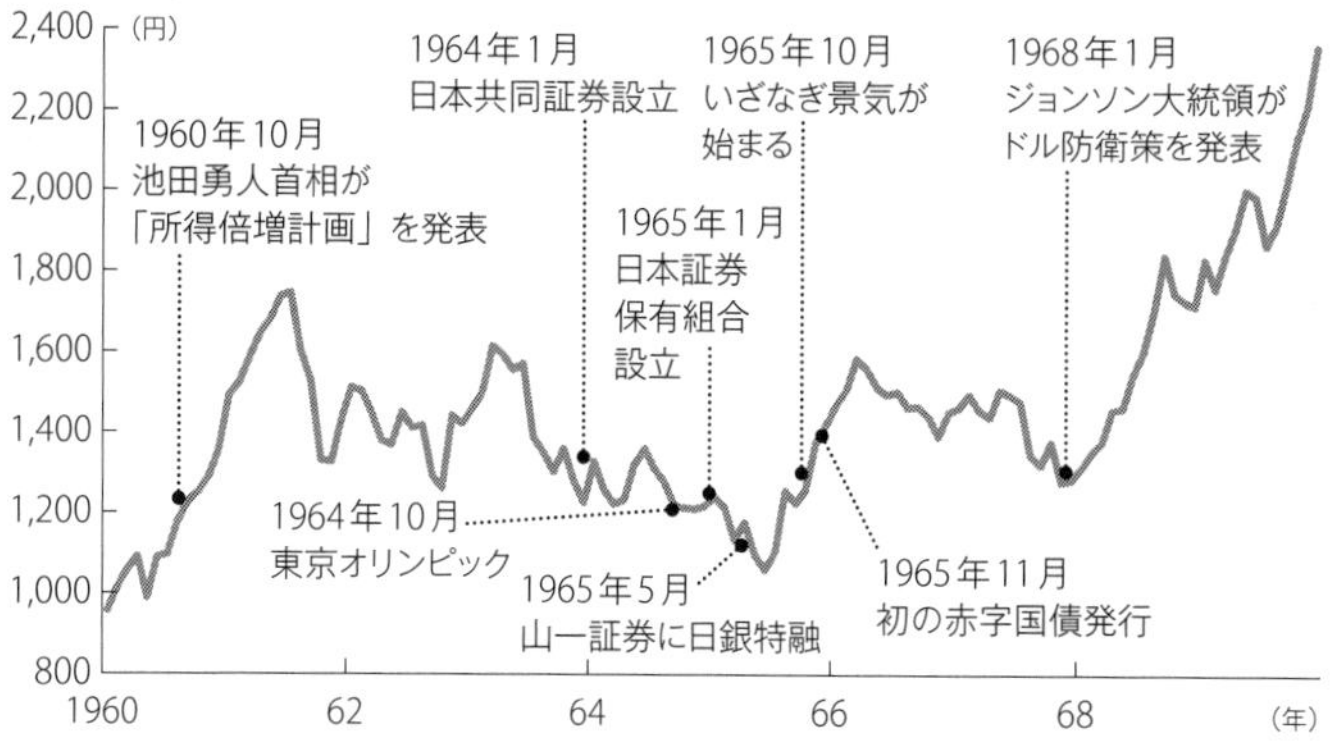

出所:ブルームバーグ、新聞報道よりみずほ証券エクイティ調査部作成

しかし、日経平均は1961年7月をピークに急落し、1965年7月には高値から44％安となる1020円と、1000円ぎりぎりまで下落しました。岩戸景気はオリンピック前の1961年12月に天井をつけて、1962年10月まで後退局面に入りました。日経平均は高値奪回まで約7年を要しました。

1964年10月に東海道新幹線が開業し、東京オリンピックが開催されました。その後の他国でのオリンピック開催でも、オリンピックの数年前に株価指数がピークをつけることが多くあります。

日経平均はなかなか下げ止まらなかったため、1964年1月に株価支えを目的に、大手銀行や証券会社が出資して、「日本共同証券」が設立されました。日本共同証券は日経平均1200円台死守を目的に、1965年1月までに約1900億円買い上げましたが、防衛ラインを維持できませんでした。1965年5月に当時大手証券の一角だった山一証券（1997年に廃業）が経営難から日銀特融を受け、「昭和40年不況」と呼ばれました。

1965年7月が日経平均の大底で、1965年10月に始まった「いざなぎ景気」に乗って、日経平均は1969年5月に2000円台に乗せました。1970年7月まで57カ月続いたいざなぎ景気は、2002年に始まる「いざなみ景気」に抜かれるまで、戦後最長の景気回復局面でした。1960年代後半には外国人投資家の日本株買いが増えて、電機株などが物色されました。

◉過剰流動性相場だった1970年代

大阪は2025年万博誘致を目指していますが、1970年3月に前回の大阪万博が開催されました。

1970年代は1971年8月に金とドルの交換停止という「ニクソンショック」が起きましたが、日経平均へのショックは一時的に留まりました。1971年12月の「スミソニアン合意」で、円の対ドルレートは360円から308円へ切り上げられました。

政府は円高対策のために金融緩和と財政拡大を行ない、過剰流動性相場が始まりました。1972年7月に「日本列島改造論」を謳う田中角栄内閣が発足し、素材株を中心に土地含み株が急騰しました。「1億人総不動産屋」とも呼ばれて、全国各地で土地投機が起きました。

1972年12月に日経平均は、1970年初めに比べて2倍以上となる初の5000円台に上昇しました。インフレ対策のために日銀は金融引き締めに転じていましたが、1973年10月に第4次中東戦争をきっかけに第1次オイルショックが起きて、原油価格は約

４倍に上昇しました。トイレットペーパー不足などが社会現象となる狂乱物価が到来し、日経平均は１９７４年10月に３３５５円と、１９７３年１月の高値５３７９円から４割弱下落しました。

１９７４年は戦後初のマイナス経済成長に陥りました。第１次オイルショックは日本経済の高度経済成長に終止符を打つきっかけになったほか、政策ミスが狂乱物価を招いたと後年、反省されました。

１９７６年７月には田中角栄元首相がロッキード事件で逮捕されて、米国による陰謀との見方も出ました。日経平均は１９７８年３月に高値を抜きましたが、翌年第２次オイルショックが起きました。日本政府は第２次オイルショックを巧く

図表5-6◉1970年代の日経平均

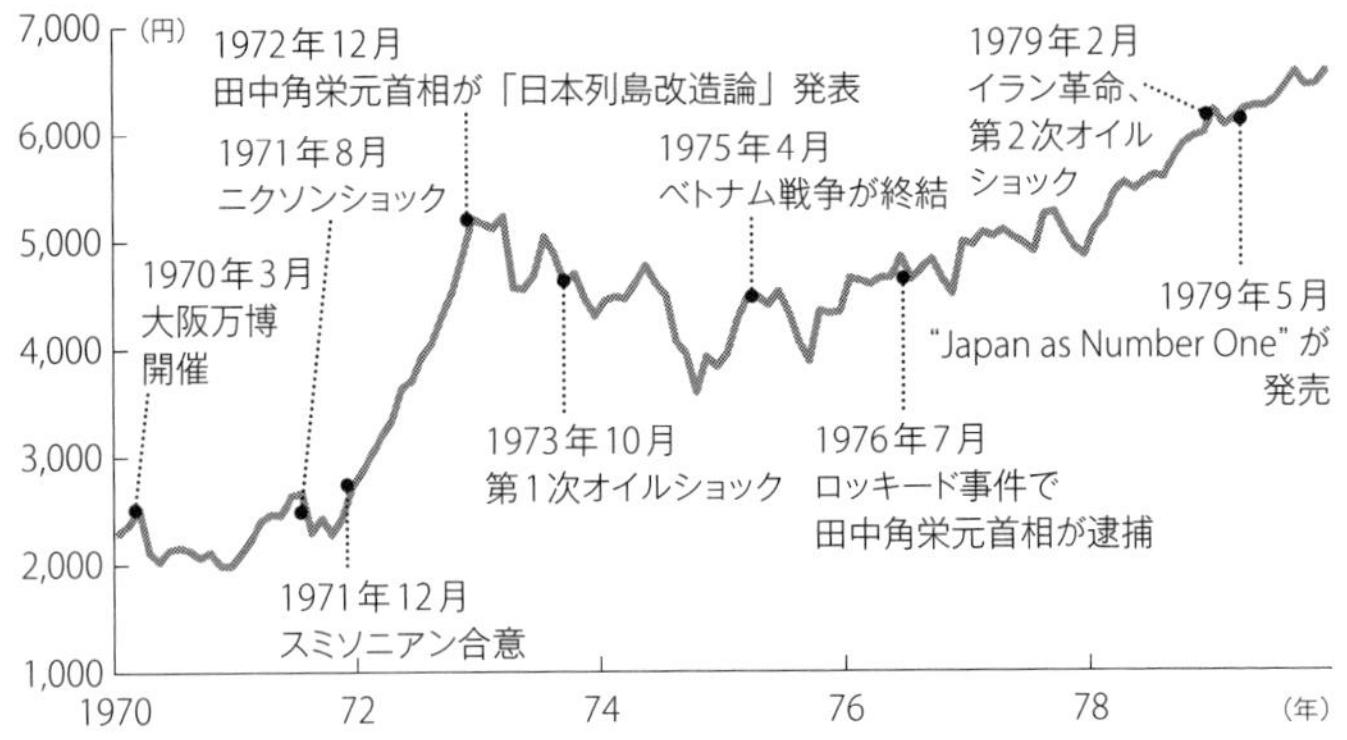

出所：ブルームバーグ、新聞報道よりみずほ証券エクイティ調査部作成

乗り切ることができたため、日経平均は資源株を中心に1980年に向けて上昇基調が続きました。

◉日本の黄金時代だった1980年代

1979年にハーバード大学のエズラ・ヴォーゲル教授が『Japan as Number One : Lessons for America』を書き、日本賛美論が世界に広がりました。1980年代は日本経済と日経平均が最も輝いた時代でした。

1979年末に6569円だった日経平均は、資産バブルのピークとなった1989年12月に史上最高値の3万8916円と約6倍に上昇しました。1983年4月に東京ディズニーランドが開業し、1984年1月に日経平均は初の1万円台に乗せ、1987年1月に2万円台、1988年12月に3万円台と次々に大台を塗り替えました。

1985年9月にドル高是正のための「プラザ合意」が行なわれ、円の対ドルレートは240円台から、1987年末に120円と2倍に上昇しました。政府は1986年4月に、円高対策と内需拡大のための「前川レポート」を策定しました。1987年にはいまほどではありませんが、当時としては円高対策として超低金利政策がとられました。

１９８７年２月にＮＴＴが上場し、わずか２カ月あまりで約３倍に上昇しました。ＮＴＴ株は広く割り当てられたことから、小金持ちが多数生まれました。

１９８７年10月19日に欧米の金融政策を巡る対立などを背景に、ブラックマンデーが起きて、ニューヨークダウが５０８ドル、率にして23％も下落し、１９２９年の大恐慌時の暗黒の木曜日の13％を抜く最大の下落率となりました。

日経平均は10月20日に３８３６円、率にして14・９％の下落といまも抜けない過去最大の急落となりましたが、事後的に振り返ると、バブル相場のなかで押し目買いの良い機会を提供しました。

個人投資家のみならず、財テクや特金

図表5-7 ◉ 1980年代の日経平均

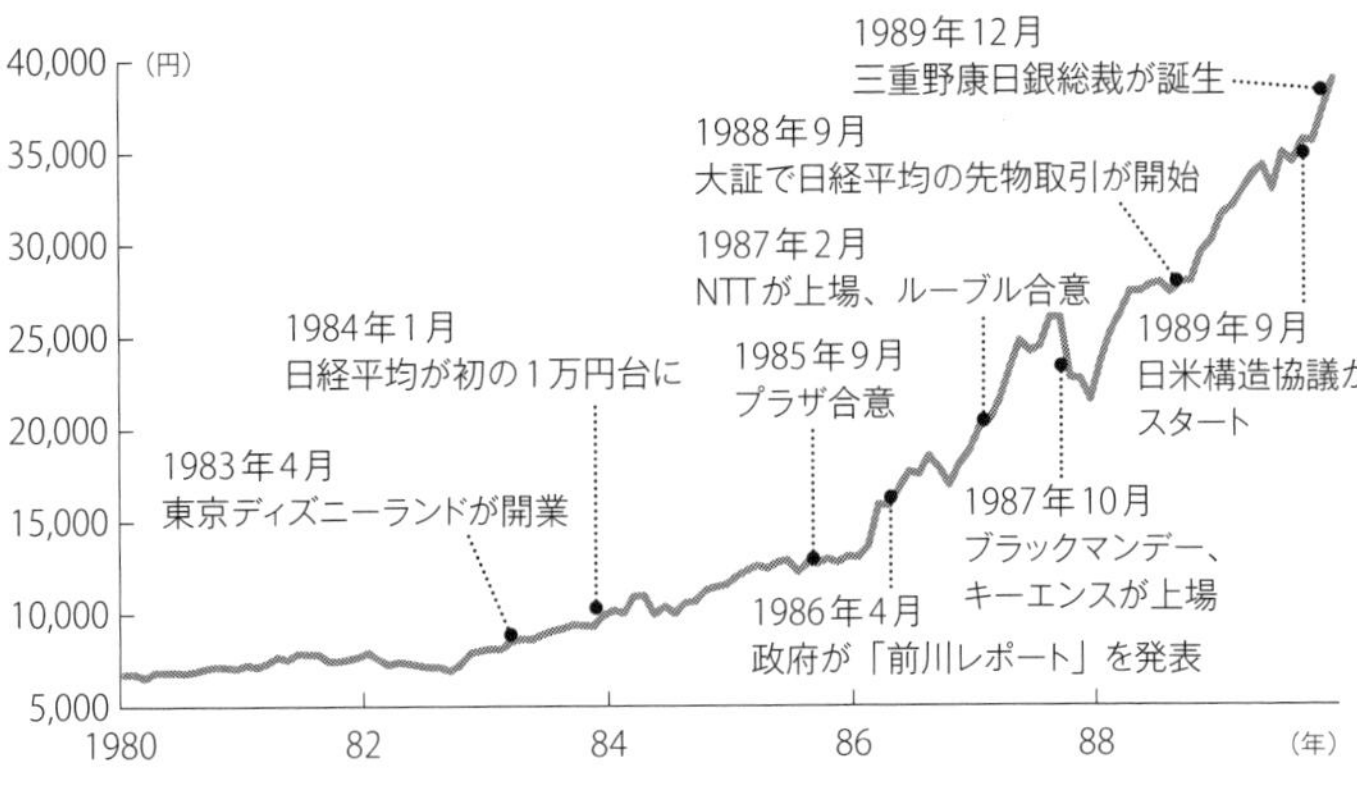

出所：ブルームバーグ、新聞報道よりみずほ証券エクイティ調査部作成

という言葉が流行り、事業会社が積極的に株式市場で運用しました。野村証券を中心とする大手証券は、ウォーターフロント銘柄などのテーマ投資を煽って、鉄鋼や造船などの土地持ちの低位大型株が大幅高となりました。当時の日本経済は内需が強かったため、円高、金融緩和、原油安の「トリプルメリット」も囃されました。バブル的な相場におののいた外国人投資家は、日本株の売り越しに転じました。

◉1990年の資産バブルの崩壊

私は1986年4月に日系大手証券に入社しましたが、1年目は全員支店で営業研修でした。当時は週休2日でなかったので、半ドンだった土曜日は午後も営業目標を達成できるまで帰社するなと、いまであればパワハラ的な指導がありました。

私は2年目からは調査部に配属され、それ以来30年以上にわたって株式の調査を担当しています。入社2年目に起きた1987年10月のブラックマンデー時には、間違った業界に入ってしまったのではと顔が青くなりましたが、それは日本のバブルの始まりでした。

株は上がらないのが不思議な相場となり、当時は証券会社の社員も株式の取引がいまのように制限されていなかったので、レバレッジが効くとブームだったワラントの取引で儲けた上司が、よく馳走してくれました。夜の六本木では1万円札を見せなければ、タクシーが止まってくれないといわれたころです。

日経平均がピークをつけた1989年12月末に日経平均は3万8916円、時価総額合計は606兆円と、当時の米国の約1・4倍に達しました。予想PERは対象や計算の仕方によって異なりますが、80〜100倍に達しました。

大手都市銀行の1行当たりの時価総額が、当時世界最強といわれたシティバンクの時価総額の5倍になりました。東京23区の地価が、米国全土の土地の時価総額を上回りました。日本全体の土地の時価総額が25倍の面積を持つ米国の約4倍の1890兆円に達しました。

日経新聞は年初に企業経営者の経済や株式市場の見通しを掲載しますが、1990年1月3日の日経朝刊は、主要企業の経営者20人の平均で、1990年末の日経平均予想は4万4000円前後、有望業種は建設や商社などと報じました。しかし、1990年12月末の日経平均は2万3849円と前年比で4割も急落し、年初の予想平均の約半値となりました。

現在も東証1部の時価総額は約680兆円なので、1989年末とそれほど変わりません。逆に米国株の時価総額合計は約3500兆円と、日本の約7倍に増えました。現在の米国株式市場がバブルとの見方は少ないようです。バブル時の日本と現在の日本を比較すれば雲泥の差があり、日米株の相対関係は天と地がひっくりかえったような差が生じました。

◉景気対策と金融危機対策に明け暮れた1990年代

バブルは自然に発生して崩壊するので、崩壊に理由はいりませんが、金融引き締め、土地取引規制、イラクのクウェート侵攻などが1990年の株価急落のきっかけでした。

1989年12月のバブルのピークで就任した三重野康日銀総裁は、1年強の間に5回の公定歩合引き上げ（2・5%→6%）を行ない、金融引き締めへの厳しい姿勢から「鬼平」と呼ばれました。地価急騰に政治的に対処する必要があったため、1990年3月に財務省が打ち出した不動産向け融資伸び率を融資総額伸び率以下に抑える総量規制は、地価急落の起爆剤になりました。

その結果、戦後一貫してあった土地神話が崩壊しました。株価と地価は資産バブルの両輪でしたが、両者の逆回転が始まり、金融機関のバランスシートに多大な打撃を与えて、金融危機が深刻化しました。

日経平均のピークは1989年末でしたが、公示地価のピークは1991年とタイミングが後に1〜2年ずれました。日経平均は1980年代とは逆に、大台を切り下げる展開になりました。

1990年8月に3万円を割り込むと早く、同年10月には一時2万円割れとなりました。1991年には大手証券の大口顧客への損失補填や暴力団との取引が明らかになり、経営者が辞任に追い込まれました。日経平均がバブル崩壊以降の一番底をようやくつけたのは、事の重大さに気づいた政府が緊急株価対策・総合経済対策を打ち出した1992年8月で、そのとき日経平均は1万4000円台前半まで下がっていました。

景気対策の効果から、日経平均は2万円台に戻しましたが、円の対ドルレート

図表5-8 ◉ 1990年代の日経平均

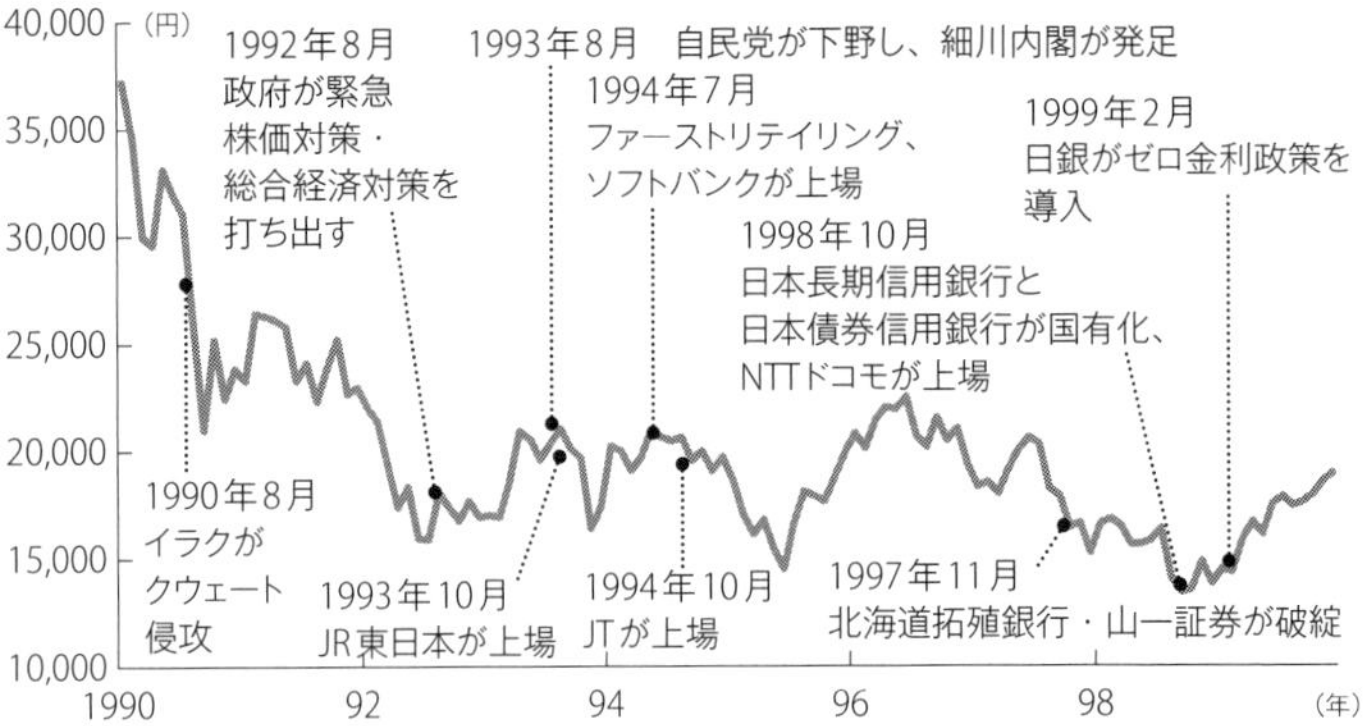

出所：ブルームバーグ、新聞報道よりみずほ証券エクイティ調査部作成

が80円超に上昇した1995年半ばに、再び1万5000円割れとなりました。

金融危機は当初、銀行の関連会社である住宅金融専門会社（住専）で済むと思われていましたが、大手銀行の不良債権隠しや大手証券の損失飛ばしが明らかとなり、1997年11月に北海道拓殖銀行と山一証券が倒産しました。1998年10～12月には日本長期信用銀行（現在の新生銀行）と日本債券信用銀行（同あおぞら銀行）が国有化されました。金融危機の深刻化で、1998年10月に日経平均は1万2000円台まで下落しました。

◉ITバブル崩壊とリーマンショックがあった2000年代

1990年代後半からインターネットや携帯電話などの普及を囃すITバブルが起きて、IT関連銘柄が急騰しました。日経平均もITバブルの恩恵を受けて、2000年3月に2万円台を回復しました。しかし、金融引き締めなどを背景に、1年前の2倍以上に上昇していたナスダック指数が2000年3月をピークに急落に転じて、ITバブルが崩壊しました。PERだけではIT株のバリュエーションを説明できなくなり、証券会社のアナリストは変わったバリュエーションを持ち出して、高バリュエーションを説明しようとしましたが、長続きしませんでした。

２００１年９月11日に米国で同時多発テロが起きて、世界経済への不安から、日経平均はその翌日に１万円割れとなりました。

２００３年３月に始まったイラク戦争は短期で終了したことが好感されて、日経平均は２０００年代半ばに回復基調を辿りました。米国では２００１年11月から２００７年12月、日本も２００２年１月から２００８年２月まで景気拡大が続きました。

２００５年８月の小泉純一郎元首相の郵政解散は構造改革期待を強めて、外国人投資家の日本株買いが急増しました。

しかし、米国の住宅ブームはＦＲＢの金融引き締めで破綻し、サブプライムロ

図表5-9 ◉ 2000年代の日経平均

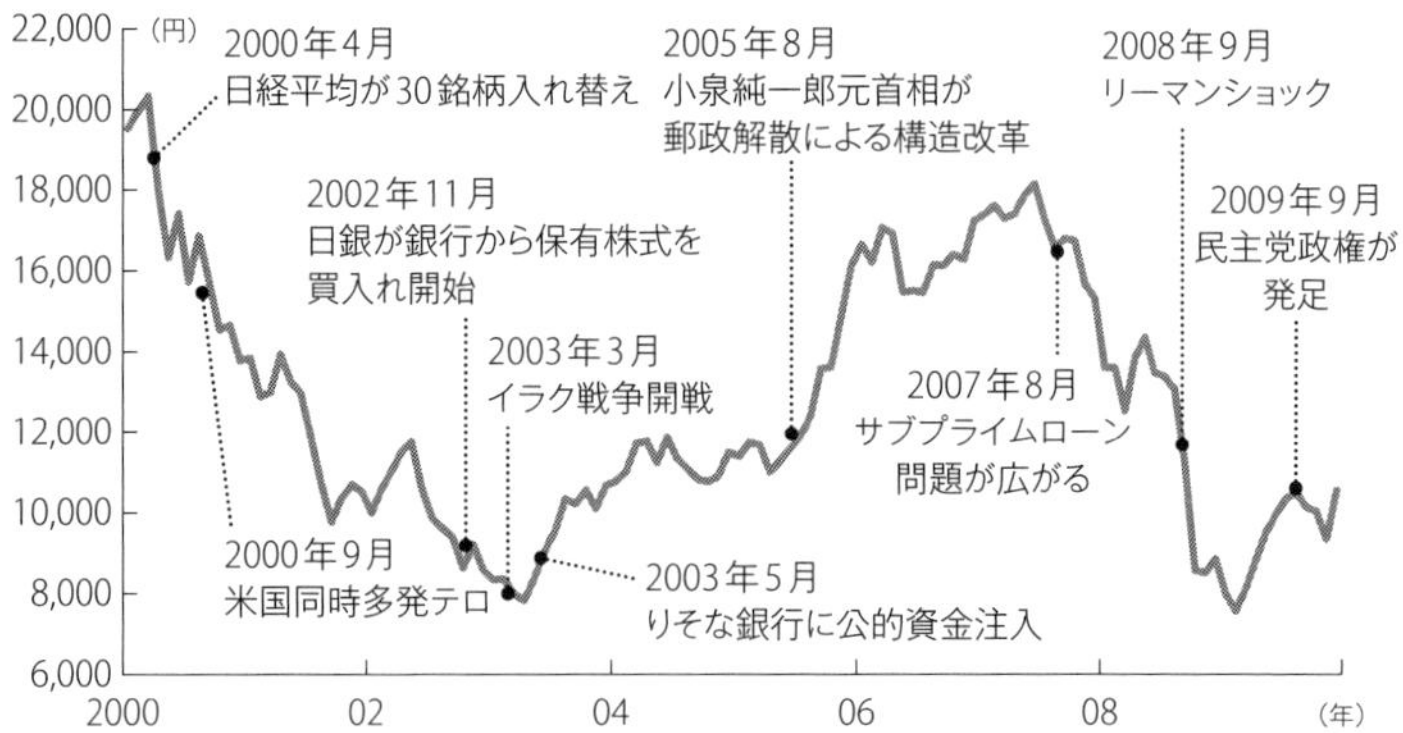

出所：ブルームバーグ、新聞報道よりみずほ証券エクイティ調査部作成

ーン危機が広がりました。２００８年９月にリーマンブラザーズが倒産し、「リーマンショック」（英語ではＧＦＣ＝Global Financial Crisis と呼ばれることが多い）が起きました。不良債権処理を終えていた日本の金融機関が経営難に陥ったわけではありませんが、世界的に金融システム不安が高まり、景気も急悪化し、日経平均は２００７年７月の１万８０００円台から、２００９年３月10日の７０５５円まで急落しました。これは１９８９年末の資産バブル崩壊以降の安値であり、また１９８２年３月以来の27年ぶりの安値となりました。

米国はリーマンショック後の金融不安が続き、日本も景気後退局面でした。ザラ場ベースの安値はリーマンショック直後の２００８年10月28日の６９９５円でしたが、この日の終値は７０００円台を維持しました。民主党政権が２００９年９月に誕生しましたが、当初の期待は失望にすぐに変わりました。２０１０年に向けて、日経平均は１万円台前後で推移しました。

◉リーマンショックから回復してきた２０１０年代

民主党政権時代は円高基調もあって、日経平均は１万２０００円を超えることはできませんでした。２０１２年末に自民党が政権に返り咲くと、アベノミクスへの期待から日経平均は上昇基調に変わり、２０１８年10月には27年ぶりの高値２万４２４５円をつけるに至りました。

　１９８７年のブラックマンデー、１９９７年のアジア通貨危機、２００７年のサブプライムローン危機など、７のつく年は金融危機が起こりやすいとされ、危機の10年サイクルともいわれましたが、２０１７年は平穏な年でした。

　２０１８年はリーマンショックから10年だったことで、当時を振り返る様々な特集記事がマスコミを賑わせました。

　世界の中央銀行や投資家は過去の危機から学んだので、もう金融危機は起こらないのでしょうか？　それとも危機は忘れた頃にくるのでしょうか？

図表5-10 ◉ 2010年代の日経平均

注　：2018年10月末時点
出所：ブルームバーグ、新聞報道よりみずほ証券エクイティ調査部作成

次の世界経済の危機は、①貿易戦争、②不平等の高まりによる民衆の反乱やポピュリズムの台頭、③先進国や中国などの過剰債務などから起こる可能性があると指摘されてきました。

現在インフレは世界的に抑制されていますが、最終的には賃金上昇でインフレになるとの見方もあります。銀行はリーマンショック以降、当局による監視・規制が厳しくなったので、次の危機は銀行発ではなく、巨大化した運用会社発で起こるリスクがあるともいわれます。

次の金融危機の前に、もっと大きなバブルが起きるとの予想もあります。バブルにはきっかけが必要ですが、普通に考えれば、バブルの対象としてはＦＡＮＧをはじめとするテクノロジー株が最大の候補にみえます。日本は１９８０年代後半の資産バブル以来、大きなバブルを経験していませんが、もう一度バブルの好景気を味わいたい気持ちが個人的にもあります。バブルが弾けて、次の金融危機がくるかもしれませんが、経験則的にはバブル崩壊後の株価急落局面は、常に買い場になってきました。

日経平均はいつ3万8916円を超えるのか？

◉資産バブル崩壊以降の日経平均の長期弱気相場は歴史に残る

株価指数は経済の拡大や企業収益の増加に合わせて右肩上がりになっていることが多いのですが、日経平均は１９８９年末の史上最高値から、すでに30年近く経つのにいまだに以前の高値を抜けていません。日経平均の長期弱気相場は歴史に残る弱気市場といえます。米国大恐慌時のニューヨークダウは１９２９年９月の高値から、１９３２年７月の安値まで９割近く急落した後、１９２９年の高値を抜くまでに25年かかりました。

一方、日経平均は１９８９年12月末の高値から、２００８年10月に大底を打つまで19年もかかりました。株価急落に伴う景気悪化を緩和するために様々な景気対策が打たれたため、大底を打つのに長い時間がかかったのです。政府の景気対策に加えて、高齢化社会による社会保障費増加も加わったため、政府債務残高は１９９０年の２９０兆円から、２０１７年に１２９１兆円に膨れ上がりました。

日本の長期弱気相場では、米国の大恐慌時のように失業者が街に溢れることもなかったため、外国人投資家から「ゴールデン・リセッション」と揶揄されました。外国人にとってスクランブル交差点は珍しいようですが、渋谷駅前のスクランブル交差点の人だかりを見て、日本が株価低迷、景気停滞に陥っている国とは見えないと言われました。多くの日本人は株式を保有していないので、日経平均

図表5-11 ◉ 大恐慌時のニューヨークダウと資産バブル崩壊以降の日経平均

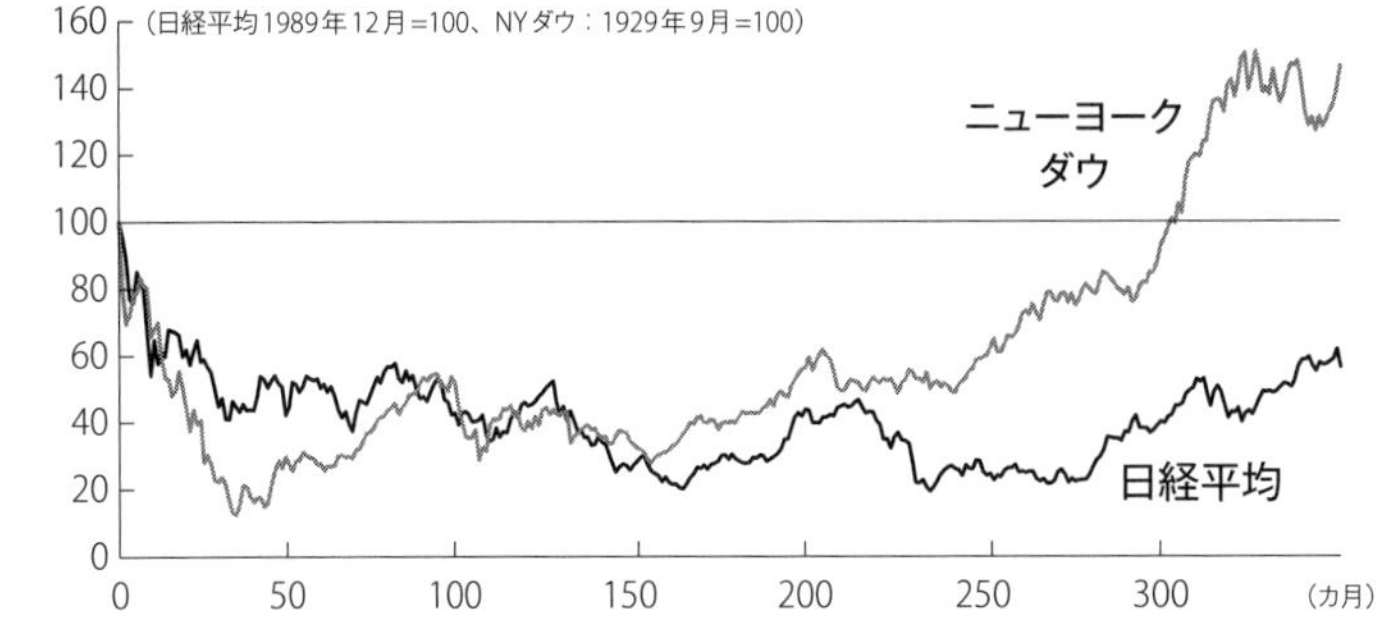

注　：日経平均の直近は2018年10月末時点、ニューヨークダウの直近は1958年7月末時点
出所：ブルームバーグよりみずほ証券エクイティ調査部作成

の長期弱気相場は他人事のように感じられたようです。

いま、日経平均は以前の高値から29年経っても、高値から4割強低い水準にあるので、世界史上稀にみる最長の弱気市場といえます。

バブル崩壊以降、日本企業はリストラ等を通じて稼ぐ力を改善してきました。しかし、いくら企業収益を増やしても、バブルピーク時のPERが高すぎたため、PERの低下によって日経平均はなかなか上がりませんでした。ようやくPERは国際水準である15倍前後で下げ止まってきたため、今後は増益率並みの日経平均の上昇が期待されます。

◉日経平均は長期的に企業増益率並みに上昇すると予想

日経平均はいつ1989年12月末の高値3万8916円を抜けるのでしょうか？

1990年代は高すぎたPERの低下と業績悪化の両要因で日経平均が急落しました。東証1部の純利益が1991年度の水準を再び抜けたのは2004年度でした。2002年度には不良債権処理で東証1部全体の純利益が赤字に陥りました。

バブル崩壊からまだ時を経ないときには、日本株の高いPERを説明するために、日本の金利の低さ、株式持合比率の高さなどが使われましたが、結局日本株のPERは国際水準まで低下しました。

大企業は世界中どこでも資金調達することが可能なうえ、世界的な超低金利が定着したので、資本コストの違いでＰＥＲを説明することができなくなりました。

安倍政権になってＰＥＲは12～18倍で定着した一方、円安の寄与もあり、企業収益は急拡大しました。２０１７年度までの20年間の東証１部の純利益の年平均伸び率は９％程度もあったのです。

日本経済は人口減少で潜在成長率は低下傾向にありますが、日本企業はグローバル化や日本国内における大企業のシェア上昇で今後も年９％程度の増益基調の維持は可能でしょう。２０１８年10月末時点のＴＯＰＩＸの２０１８年度ベース

図表5-12 ◉ 東証１部の業績指数

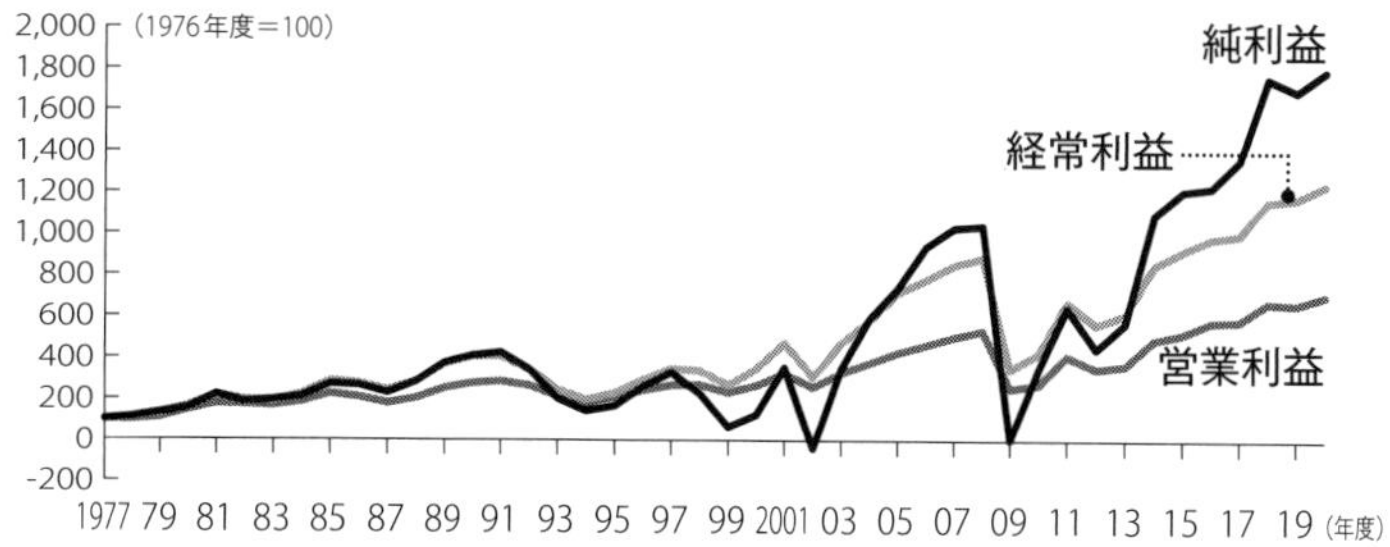

注　：各年度末の東証１部上場企業対象（金融業、卸売業、日本郵政を除く）。各年度の売上高変化率を累積し、売上高指数を作成。これに各年度の対売上高比率を乗じ、各種利益指数を作成。基準年度である1976年度の値で割って100を乗じ指数化した。業績予想はみずほ予想、IFISコンセンサス予想、東洋経済予想の順に優先して使用。データは2018年９月末時点
出所：東洋経済、日本経済新聞、IFISよりみずほ証券エクイティ調査部作成

の予想ＰＥＲは約14倍と安倍政権の平均値や米国株式市場の長期的な平均水準の15倍より低めになっています。２０１８年度の中間決算の発表で業績の先行き懸念が出たため、予想ＰＥＲが9月末の約15倍から14倍へ低下しました。

今後世界的な超低金利の修正が起こるでしょうが、歴史的にみればまだ低金利の領域です。２０２０年の東京オリンピック前後には景気と日経平均の大きな山谷があるかもしれませんが、基調的には日経平均はＰＥＲ一定の下、増益率並みの上昇が可能と考えます。

◉日経平均の最高値更新はいつか？

２０１８年度の日経平均2万３０００円、ＰＥＲ15倍を基準にすると、日経平均が過去20年間の平均増益率並みの年平均９％程度で上昇すれば、日経平均は２０２４年頃に３万８９１６円を抜ける計算になります。

米国の景気回復が２０１９年で10年目を迎えるので、今後数年に一度は世界的な景気後退が起きる可能性があるでしょう。そのため、日経平均の回復が1年程度足踏みしたとしても、２０２５年頃に日経平均は高値更新が可能でしょう。

私が１９８６年４月に証券業界に足を踏み入れたときの日経平均は１万５８００円でし

た。日経平均が１９８９年12月末に史上最高値を更新したとき、私は企業派遣で米国ビジネススクールに留学中でした。

その後、日経平均が急落して長い暗黒時代を迎え、安倍政権の誕生で反発に転じました。２０１８年時点で56歳の私は、証券会社勤務をしているあいだに日経平均が高値更新することを望んでいますが、私の引退時までに日経平均が史上最高値更新が可能かどうかは微妙な状況です。しかし、私が平均寿命まで生きるとすると、私の存命中には日経平均の高値更新が可能でしょう。

私の元日系証券時代の先輩である武者リサーチの武者陵司代表は２０１８年6月に出版した『史上最大の「メガ景気」がやってくる』で、「人生百年、日経平均10万円」を提示しました。世界的な株価上昇は過去40年間、年率ほぼ10％なので、日経平均も新天皇が即位する２０１９年から年率10％で上昇すれば、２０３４年に日経平均は10万円を突破するというのが論拠でした。その前に２０２０年の東京オリンピック前後に、日経平均は４万円をトライするような歴史的な大相場が始まっている可能性が高いと指摘しています。

◉参考文献

「日経225先物市場における価格変動の分析：ナイト・セッションと日中立会」里吉清隆、2018年9月

「浮動株比率の算定方法」東京証券取引所、2018年7月

『インデックス投資は勝者のゲーム』ジョン・C・ボーグル、2018年6月

『史上最大の「メガ景気」がやってくる』武者陵司、2018年6月

『1989年12月29日、日経平均3万8915円』近藤駿介、2018年5月

「昭和初期株式市場のパフォーマンスインデックス算出による検証」平山賢一、証券経済研究2018年3月

「よくあるご質問（日経平均株価について）」日本経済新聞社、2018年2月

『証券市場誕生！』日本取引所グループ、2017年12月

「日経平均株価　算出要領」日本経済新聞社、2017年7月

「日経平均のプア・パフォーマンスについて考える」宮川公男、ECO-FORUM、2017年

「120周年を迎えたダウ・ジョーンズ工業株価平均」S&Pグローバル、2016年12月

『バブル：日本迷走の原点』永野健二、2016年11月

『実践日経平均トレーディング』國宗利広、2016年9月

『日経平均の読み方・使い方・儲け方』阿部智沙子、2015年11月
『日経平均と「失われた20年」』宮川公男、2013年7月
『株がわかる！日経平均公式ガイドブック』日本経済新聞社インデックス事業室、2010年10月
「日経225構成銘柄入れ替えにおける株価動向とトレーディングシミュレーション」岡田克彦、証券アナリストジャーナル2004年2月
「日経平均株価の銘柄入れ替えが個別銘柄の流動性に与えた影響について」斎藤誠、大西雅彦、現代ファイナンスNo.9、2001年
『証券・金融の命運を読む』小林正和、1998年3月
『「経済白書」で読む奇跡の50年』高橋乗宣、1997年7月
『日本証券史』有沢広巳監修、1995年5月
『兜町戦史』榊田望、1995年5月
『兜町の四十年』細金正人、1990年12月

菊地正俊（きくち　まさとし）
みずほ証券エクイティ調査部、チーフ株式ストラテジスト。1986年東京大学農学部卒業後、大和証券入社、大和総研、2000年にメリルリンチ日本証券を経て、2012年より現職。1991年米国コーネル大学よりMBA。日経ヴェリタス・ストラテジストランキング2018年1位。インスティチューショナル・インベスター誌・ストラテジストランキング2018年1位。
著書に『No.1ストラテジストが教える　日本株を動かす外国人投資家の儲け方と発想法』（日本実業出版社）、『良い株主　悪い株主』『外国人投資家が日本株を買う条件』（以上、日本経済新聞出版社）、『外国人投資家』（洋泉社）、『外国人投資家の視点』（PHP研究所）、訳書に『資本主義のコスト』（洋泉社）、『資本コストを活かす経営』（東洋経済新報社）などがある。

No.1ストラテジストが教《おし》える
相場《そうば》を大《おお》きく動《うご》かす「株価指数《かぶかしすう》」の読《よ》み方《かた》・儲《もう》け方《かた》

2018年12月20日　初版発行

著　者　菊地正俊
発行者　吉田啓二

発行所　株式会社日本実業出版社　東京都新宿区市谷本村町3-29　〒162-0845
大阪市北区西天満6-8-1　〒530-0047
編集部　☎03-3268-5651
営業部　☎03-3268-5161　振　替　00170-1-25349
https://www.njg.co.jp/

印刷・製本／三晃印刷

この本の内容についてのお問合せは、書面かFAX（03-3268-0832）にてお願い致します。
落丁・乱丁本は、送料小社負担にて、お取り替え致します。

ISBN 978-4-534-05656-6　Printed in JAPAN

日本実業出版社の本

定価変更の場合はご了承ください。

No.1ストラテジストが教える 日本株を動かす 外国人投資家の儲け方と発想法

菊地正俊
定価 1500円（税別）

外国人投資家の内情をよく知る著者が、その実像、考え方、やり方を具体的に描くとともに、個人投資家が彼らの動きに乗じてうまく儲ける方法についてまとめた株投資に必携の一冊！

勝ち続ける投資家になるための 株価予測の技術［決定版］

伊藤智洋
定価 1600円（税別）

一般の株式投資の教科書にはない独自の視点から株式相場の需給に裏付けられた株価の動きを超実践的に読み解く。伊藤流の投資ノウハウをまとめた決定版といえる一冊！

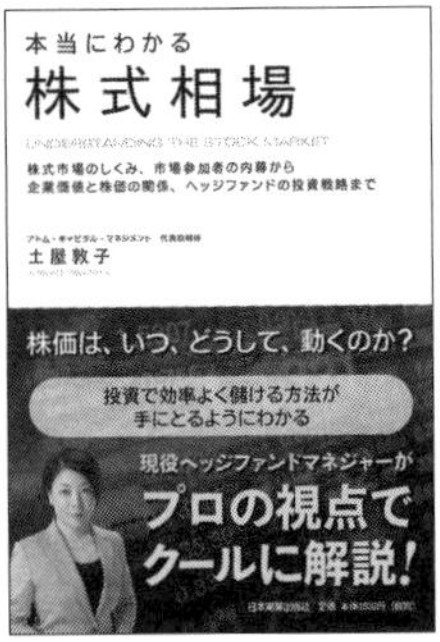

本当にわかる 株式相場

土屋敦子
定価 1600円（税別）

外資系証券のアナリストや日本株投資責任者などを経て、自らの運用会社でヘッジファンドマネジャーを務める著者が、株式相場のしくみやプロの投資ノウハウを解説する定番教科書。